Klaus-Dieter Hartig / Xia Zhang

Feng Shui

Klaus-Dieter Hartig / Xia Zhang

Feng Shui

Positive Lebensenergie durch richtige Raumgestaltung

Das Wissen der chinesischen Feng-Shui-Meister

Mit Grundrissen für Wohnzimmer, Schlafzimmer,
Küche und Büro

MIDENA

Die Autoren:
Klaus-Dieter Hartig studierte u. a. Geographie und Soziologie.
Seit vielen Jahren beschäftigt er sich mit der chinesischen Schrift, Sprache und Kultur.
Xia Zhang studierte chinesische Kultur und hat engen Kontakt zu den Feng-Shui-Meistern ihrer Heimat.

Die Deutsche Bibliothek – CIP-Einheitsaufnahme

Hartig, Klaus-Dieter:
Feng-Shui : positive Lebensenergie durch richtige Raumgestaltung ; das Wissen der chinesischen Feng-Shui-Meister ; mit Grundrissen für Wohnung, Schlafzimmer, Küche und Büro / Klaus-Dieter Hartig/Xia Zhang. - Augsburg : Midena, 1998
ISBN 3-310-00401-5

Midena Verlag, Augsburg

Produktion und Satz: Hampp Verlag, Stuttgart
Lektorat: Yvonne Georgi
Fotos und Grafiken: Barbara Behrens, Bremen
Umschlaggestaltung: Steinkämper und Lohmann, Wörthsee
Umschlagfoto: George French/Bavaria
Druck und Bindung: Offizin Andersen Nexö, Leipzig - ein Betrieb der INTERDRUCK Graphischer Großbetrieb GmbH

Printed in Germany

ISBN 3-310-00401-5

風 水

Feng
Wind

Shui
Wasser

Auf der ganzen Welt gibt es nichts Weicheres
und Schwächeres als das Wasser und doch
in der Art, wie es dem Harten zusetzt,
kommt ihm nichts gleich.
Es kann durch nichts verändert werden.
Daß Schwaches das Starke besiegt und
Weiches das Harte besiegt,
weiß jedermann auf Erden,
doch niemand vermag danach zu handeln.

Aus: Dao De Jing, Spruch 78

Inhaltsverzeichnis

水 Wasser

木 Holz

火 Feuer

Erde

Metall

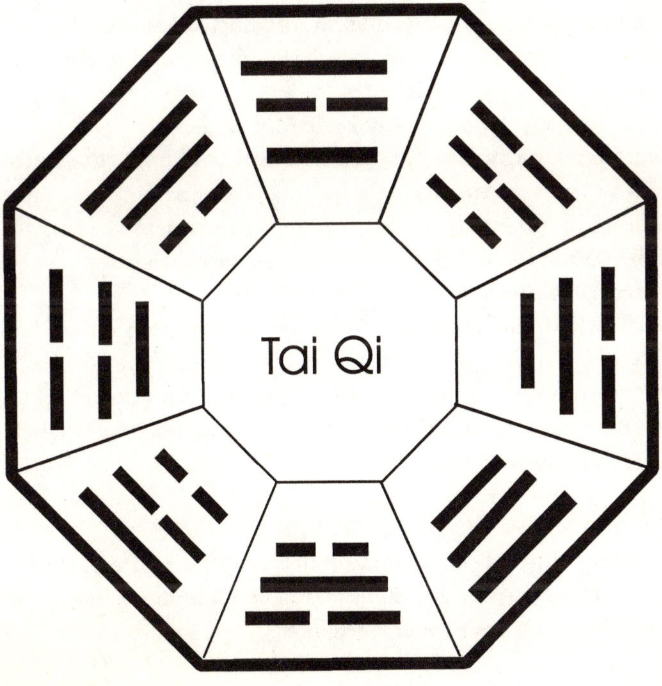

Feng Shui und harmonisches Wohnen

Wir verbringen in der Regel einen sehr großen Teil – bis zu 90 Prozent unserer Zeit – in den Innenräumen von Gebäuden. Oft halten wir uns länger als die Hälfte des Tages in unserer Wohnung auf. Dies ist Grund genug, sich einmal zu fragen, ob wir den eigenen vier Wänden eigentlich die Beachtung schenken, die ihnen als unser unmittelbarer Lebensraum zukommt.

Grundanforderungen

An Wohngebäude muß eine ganze Reihe von Grundanforderungen gestellt werden, um ihren Bewohnern ein gesundes Wohnen zu ermöglichen:

- Die Grundrisse müssen jedem Bewohner ausreichend Wohnraum und eine vorteilhafte Raumaufteilung bieten.
- Die Baumaterialien sollen stabil sein und dürfen keine Gifte oder schädlichen Chemikalien enthalten, die in die Raumluft gelangen und somit unserer Gesundheit schaden könnten. Dasselbe gilt auch für Tapeten, Teppiche sowie alle Möbelstücke.
- Die Voraussetzungen für ein gutes Raumklima und gute Luftqualität müssen gegeben sein. Es sollte daher eine klimagerechte und energieökonomische Gebäudeplanung gefordert werden, die auch die Sonneneinstrahlung (Exposition) berücksichtigt.
- Auch der Lärmschutz ist ein wichtiger Faktor.
- Gesundheitliche Gefährdung durch Elektrosmog muß vermieden werden.
- Die Lichtverhältnisse und die Beleuchtung müssen günstig sein.
- Funktionalität ist unter dem Aspekt einer benutzerfreundlichen und zweckmäßigen Gestaltung wichtig.

Gesunde und förderliche Wohnverhältnisse zählen zu den elementaren Bedürfnissen des Menschen. Die Wohnung kann als unsere dritte Haut bezeichnet werden.

Bezüglich der oben genannten Anforderungen erfüllt die bautechnische Planung in vielen Fällen oft nur minimale Planungskriterien und die vorgeschriebenen Baunormen. Weiterführende bauphysikalische und baubiologische Ansprüche werden leider viel zu selten voll erfüllt. Vollkommen unberücksichtigt bleiben darüber hinaus in den meisten Fällen Erkenntnisse der Feng-Shui-Lehre, wie z. B. die Wirkung der kosmischen Energie und der Energiefelder, die sich auf ein geplantes Gebäude einer bestimmten Form an einem festgelegten Ort ergeben würden.

Sick-Building-Syndrom

Das von Bauökologen festgestellte sogenannte Sick-Building-Syndrom, darunter versteht man den Effekt krankmachender Bauten, wäre mit der Anwendung der Feng-Shui-Regeln von vornherein zu vermeiden. Diese Regeln betreffen den Fluß der atmosphärischen Energie sowie den Ausgleich der Kräfte von Yin und Yang.

Es gibt also Zusammenhänge jenseits der funktionalen und technischen Bedingungen, die unser Wohlbefinden beeinflussen. Feng Shui beachtet nicht nur die Dinge, sondern auch die Kräfte, die zwischen ihnen wirken.

Verbreitung

Die erfolgreiche Verbreitung der Feng-Shui-Lehre in der westlichen Welt bietet uns die Chance, unser verlorengegangenes Bewußtsein für die Wechselbeziehungen zwischen Natur und gebauter Umwelt, das noch in alten Bauweisheiten zum Ausdruck kommt, zurückzugewinnen. Wir können uns im Einklang mit unserem jeweiligen Wohnumfeld befinden oder auch nicht. Feng Shui kann uns dabei helfen, schädliche oder ungünstige Einflüsse zu erkennen und bietet uns wertvolle Hilfsmaßnahmen.

Architekturplanung

Die Architekturplanung bildet durch die Gestaltung von Grundriß und Aufriß sowie durch die Wahl der verschiedenen Baumaterialien für ein Gebäude die entscheidende Grundlage für eine gute oder schlechte Feng-Shui-Situation. Das bedeutet, bereits in der Planungsphase eines Gebäudes wird eine positive oder negative Raumatmosphäre festgelegt. Im Sinne von Feng Shui ist jedoch fast die gesamte gängige Architektur falsch, weil sie bei der Form und Plazierung der Gebäude keine Rücksicht auf die Qualität der örtlichen Energien nimmt. Außerdem beschäftigt sie sich zu wenig mit den späteren Benutzern der Gebäude.

Die Architektur definiert nicht nur die Räumlichkeiten am Arbeitsplatz und in der Wohnung, in denen bestimmte Nutzungen möglich sind oder auch nicht, sondern sie beeinflußt auch in erheblichem Maße die Stimmung ihrer Benutzer.

Hochhäuser

Abnahme der Energie

Bei Hochhäusern hat man immer wieder den Eindruck, daß sie lediglich einer effizienten Lagerung von Menschen in gestapelten Kisten dienen sollen. Die positive Energie, die durch den Eingang noch in das Gebäude kommt, wird in den oberen Stockwerken immer schwächer. Dagegen verstärken sich die negativen Störkräfte

In Hochhäusern nimmt die positive Energie von unten nach oben konstant ab.

mit der Höhe, bedingt durch die Stahlbetonkonstruktionen. Die Gebäude unserer Städte und Siedlungen sind oft trist, weil sie in Massenbauweise entstanden sind. Eine Architektur, die stur geradlinig und monoton ist, beeinflußt unsere körperliche und psychische Verfassung negativ.

Das positive Gegenbild zu den seelenlosen Hochhäusern sind individuell geplante Gebäude, die den Bedürfnissen des Menschen entsprechen und in Einklang mit der Natur und den kosmischen Einflüssen stehen. In vielen Fällen sind die häufig als Gegenargument angeführten zusätzlichen Kosten deutlich geringer als erwartet.

Neubauten können auch individuell und kreativ in innerstädtischen Baulücken geplant werden, wenn es der Architekt versteht, sich richtig in die Situation hineinzuversetzen.

Schutz und Rückzug

Unsere Wohnung ist mehr als nur ein Aufenthaltsraum; sie ist auch ein privater Raum, der uns Schutz und Rückzugsmöglichkeit bietet. Die Mauern der Wohnung sind die Begrenzung zur Außen-

Die runde Form im Dachgeschoß ist in diesem Fall unter Aspekten des Energieflusses eine günstige Gestaltung.

welt. Sie ist der Ort, an dem wir uns entspannen und regenerieren können sollten.

Es gibt ein Grundbedürfnis des Menschen nach der Basis einer vertrauten Umgebung, und das ist in der Regel die eigene Wohnung, der Mittelpunkt unseres privaten Lebens.

Wohnen heißt: zu Hause sein, sich behaglich fühlen, sich in einer vertrauten Umgebung niederzulassen, die man zum größten Teil selbst gestaltet hat.

Einrichtung der Wohnung

Cocooning

Mit dem Trend zum Cocooning – dem Sich-Einkapseln in der Wohnung – hat unser Bedürfnis nach Geborgenheit und zum Verbringen der Freizeit in den eigenen vier Wänden zugenommen. Die Wohnqualität hängt ganz wesentlich vom Arrangement der Einrichtung, das heißt, vor allem von der Möblierung, ab. Das Einrichten und Möblieren einer Wohnung ist ein Thema, bei dem uns die Feng-Shui-Lehre sehr viel helfen kann.

Die Gestaltung der eigenen Wohnung reflektiert mehr oder weniger die Persönlichkeit ihrer Bewohner, und umgekehrt kann diese auch das Befinden und die persönliche Entwicklung der Bewohner beeinflussen.

Man kann bei der Art der Wohnungsgestaltung verschiedene Tendenzen feststellen:

- Die repräsentative, den exklusiven Stil betonende Wohnungseinrichtung. Sie neigt dazu, Moden und Trends zu folgen. Hier bildet die Wohnung oft nur die Kulisse für eine Inszenierung, die nur sehr wenig mit den eigenen wirklichen Wohnbedürfnissen zu tun hat.
- Die funktionale, sachliche Einrichtung. Sie läßt durch ihre Nüchternheit eigentlich keine warme Wohnatmosphäre aufkommen.

- Die genormte „Wohnkultur" mit weitgehend einheitlichem Aussehen der Möblierung, die von den Katalogen der Möbelhäuser geprägt wird. Die Bewohner haben zu wenig Phantasie für die Gestaltung ihrer Wohnung entwickelt.
- Eine Wohngestaltung, die nur der Not begrenzter finanzieller Mittel folgt. Aber auch in einer solchen Situation gibt es noch genügend positive Gestaltungsmöglichkeiten.

Persönliche Gestaltung

Die genannten Tendenzen, von denen es natürlich Ausnahmen und Modifizierungen gibt, zeigen, daß wir uns nicht intensiv genug mit dem persönlich günstigen Arrangement unserer eigenen Wohnumgebung befassen. Man muß erkennen, daß die Dinge, die uns umgeben, nicht nur eine Funktion haben, sondern auch eine Bedeutung.

Allerdings nimmt das Bewußtsein zu, daß die Gestaltung der eigenen vier Wände einen besonders wichtigen Bestandteil des Alltags darstellt. Die bewußte Gestaltung der eigenen Lebensräume fördert die persönliche Entwicklung und vergrößert somit das Potential für alle Aktivitäten.

Naturkreislauf

Bei der Wohnqualität kommt es nicht nur auf die unmittelbar wahrnehmbare Situation an. Wer sich mit Feng Shui, der alten chinesischen Harmonielehre befaßt, erkennt die große Bedeutung der Wechselwirkungen zwischen der Umgebung, einem Gebäude und seiner Bewohner.

Vor allem die Stadtmenschen haben das Gefühl dafür verloren, trotz einer künstlichen, von Menschen geschaffenen Umwelt immer noch in den Kreislauf der Natur eingebunden zu sein. Man ist immer noch angewiesen auf in der Landwirtschaft produzierte Nahrung, Wasser, Frischluft und verschiedene Formen von Energie.

Hier kann keine umfassende Darstellung der chinesischen Harmonielehre geleistet werden - dafür bräuchte man viele Bände, zumal es viele Schulen und unterschiedliche Lehrmeinungen gibt. Das Buch will Ihnen vielmehr eine erste Orientierungshilfe bieten und Anstoß geben, sich auf neue Weise mit Ihrer Wohn- und Lebenssituation auseinanderzusetzen.

Aus unserer Sicht bietet Feng Shui eine neue Perspektive für einen bewußten Umgang mit sich selbst und seiner unmittelbaren Umwelt. Die Feng-Shui-Analyse der eigenen Wohnung kann manches größere oder kleinere Problem, das man z. T. verdrängt oder unbewußt hat, erklären, indem wir Disharmonien in unserer Umgebung zur Kenntnis nehmen.

Schlafstörungen, Unausgeglichenheit, Ehekrisen und Krankheiten können auf schlechtes Feng Shui zurückgeführt werden.

Ausprobieren

Feng Shui ist kein Allheilmittel, und eine simple Gebrauchsanweisung ist nicht möglich. Viele kleinere Probleme kann man selbst durch Experimentieren und Ausprobieren lösen. Oft hat das Verrücken der Möbel einen besonderen Effekt, der sich nach einiger Zeit einstellt. Um frischen Wind, d. h., eine energetische Verbesserung, in die eigene Wohnung zu bringen, muß oft nicht die ganze Wohnung renoviert werden. Oft können schon kleine Veränderungen eine freundlichere Optik bewirken.

Intuition

Einen Teil der Feng-Shui-Regeln kann man intuitiv, d. h., durch Rückgriff auf eher verborgenes Wissen, befolgen, wenn man ein Gespür für gute oder schlechte Kräfte und atmosphärische Bedingungen in Räumen hat. Man fühlt zum Beispiel automatisch, daß geschwungene Formen mehr Harmonie ausstrahlen als lange, gerade Kanten.

Kritik

Wir sollten die überlieferte Feng-Shui-Lehre nicht zu dogmatisch und nicht zu unkritisch sehen, weil ein Teil davon auf traditionellem Aberglauben beruht. Moderne Weiterentwicklungen sind geeignete Ansätze für die Verhältnisse in westlichen Ländern. Die rationale, von der Vernunft gesteuerte Anwendung der Feng-Shui-Lehre ohne ihre mystischen Bestandteile ist ein Schritt zur ganzheitlichen Betrachtung unserer persönlichen Lebenssituation.

Die Ursprünge

Auf der ganzen Welt gibt es nichts Weicheres
und Schwächeres als das Wasser und doch
in der Art, wie es dem Harten zusetzt,
kommt ihm nichts gleich.
Es kann durch nichts verändert werden.
Daß Schwaches das Starke besiegt und
Weiches das Harte besiegt,
weiß jedermann auf Erden,
doch niemand vermag danach zu handeln.

Aus: Dao De Jing, Spruch 78

Altchinesische Kultur und Volksreligion

Wurzeln

Die Wurzeln der Feng-Shui-Lehre reichen weit zurück in das mythologische Dunkel der Urzeit chinesischer Kultur. Ihre Ursprünge sind in der alten Astrologie, der überlieferten geographischen Wissenschaft und Geomantie (Wahrsagung aus absichtslos in die Erde gezeichneten Linien), der altchinesischen Kultur und Volksreligion, vor allem in der taoistischen Kosmologie und Philosophie zu suchen. Auch die Erfahrungen der ursprünglichen bäuerlichen Überlebensstrategien flossen in diese Lehre mit ein. Menschen, die ohne technische Hilfsmittel den Naturkräften ausgeliefert waren, mußten lernen, sich den Prozessen zwischen Himmel und Erde anzupassen und ihre Regeln zu erkennen, um sie auch zu nutzen.

Entwicklung

Die Entwicklung des Feng Shui steht in engem Zusammenhang mit der Erfindung des Magnetkompasses in China vor etwa 5000 Jahren. Aus der Frühzeit der Feng-Shui-Lehre gibt es keine unmittelbaren Überlieferungen; sie wurde vor allem mündlich weitergegeben. Allerdings sind Archäologen in den letzten Jahrzehnten bei Fundstücken, die in das 3. und 4. Jahrhundert v. Chr. eingeordnet werden, auf indirekte Informationen über Feng Shui gestoßen. Mehrere Wissenschaftler halten es für möglich, daß die Harmonielehre zum ersten Mal zwischen dem 7. und 5. Jahrhundert v. Chr. ausführlich formuliert und niedergeschrieben wurde, gleichzeitig mit den Ausarbeitungen der Yin-Yang-Theorie und der auf den fünf Elementen beruhenden Kosmologie.

Wissenschaft

Die fünf Elemente – Metall, Wasser, Holz, Feuer und Erde – werden als energetische Zustände verstanden.

Tao

Laotse

Feng Shui wurde wesentlich durch taoistische Meister entwickelt. Das klassische Werk „Dao De Jing" des chinesischen Philosophen Laotse, eine Sammlung von Lebensregeln und Weisheiten, gilt als eine der Grundlagen der taoistischen Philosophie.

Übersetzt bedeutet Tao „Himmelsweg" oder „Pfad". Die östliche Philosophie oder Weisheitslehre des Taoismus wurde von der frühen chinesischen Kosmologie geprägt. Sie betrachtet die natürlichen Abläufe, den ewigen Rhythmus des Universums und die Einbindung des Menschen in diese Ordnung, die mit ihren Gesetzen seinen Weg bestimmt. Tao erkennt die Unveränderbarkeit der natürlichen Ordnung, d. h., der Grundstrukturen des Universums, als Basis allen Seins. Die alten Chinesen studierten die Natur und beobachteten, daß alles fließt und sich ständig verändert, aber auch großen Kreisläufen folgt, wie die regelmäßige Wiederkehr der Jahreszeiten und die Reihenfolge von Wachstum und Verfall. Der Taoismus betrachtet Prozesse als ein sich wiederholendes Wechselspiel entgegengesetzter Kräfte.

Diese Sichtweise beinhaltet die Vorstellung, daß Muster und Prozesse, die man im Kleinen findet, im Großen wiederkehren und umgekehrt. Alles hat auf der Gegenseite eine Entsprechung, zum Beispiel „wie innen, so außen" oder „das Aussehen unserer Wohnung spiegelt unsere Persönlichkeit wieder".

Wechselbeziehungen

Alles ist mit allem verbunden, eingebunden in das Ganze, auch wenn dies oft nicht unmittelbar wahrnehmbar ist.

Der Mensch ist unweigerlich in die Prozesse der Natur eingebunden. Deshalb sollte er ihre Gesetzmäßigkeiten beachten, wenn er glücklich leben möchte. Bestimmte Arrangements funktionieren schlecht, wenn sie nicht im Einklang mit ihrer Umgebung stehen.

Orakelsystem des J Ging

Eine entscheidende Rolle für die Entwicklung des Taoismus und wichtige Grundlage der Feng-Shui-Lehre spielt das Orakelsystem des I Ging - dem Buch der Wandlungen. Es ist eines der ältesten philosophischen Werke der Menschheit und soll der chinesischen Mythologie zufolge von Fu Xi nach Meditationen an einem Fluß um 600 v. Chr. verfaßt worden sein. Das I Ging beinhaltet ein System von Gleichnissen, das alle Prozesse der Welt beschreibt, um die Wandlungen von der Gegenwart zur Zukunft zu verstehen. Jede Situation, die nur als Durchgangsstadium gesehen wird, kann mit Hilfe des Orakelbuches befragt werden, wenn man die Entwicklungsmöglichkeiten erkennen will. Im alten China war das Orakelsystem eine Geheimwissenschaft der Staatsmänner, Feldherren und Könige, das als Entscheidungshilfe und Führungsinstrument diente.

Aus den Symbolen des I Ging wurden die acht Trigramme des Ba Gua entwickelt, das heute als Untersuchungsraster des Feng Shui dient.

Geheimwissenschaft

Im 3. Jahrhundert schrieb der gelehrte Guo Po ein erstes Buch über das Begräbnis nach den Regeln des Feng Shui. In der Folgezeit verlor die Feng-Shui-Lehre ihre Eigenschaft als Geheimwissenschaft der Priester und Herrscher, die nur an Eingeweihte weitergegeben wurde. Huang Shigong soll der erste Meister gewesen sein, der das praktische Wissen unter das Volk gebracht hat. Während der Ming-Dynastie wurde die gesamte „Verbotene Stadt" in Peking nach Feng-Shui-Regeln gebaut.

Szene aus der Zeit der Qing-Dynastie (1644–1911). Nach der Fertigstellung eines Hauses nach den Feng-Shui-Regeln wird über dem Eingang ein Schild gegen die bösen Geister angebracht.

Feng Shui heute

volkstümliches Feng Shui

Ältere Feng-Shui-Bücher verstehen heutzutage nur noch sehr wenige Experten - viele alte Schriftzeichen werden nicht mehr gebraucht und haben eine tiefe Bedeutung, die moderne Chinesen ohne ein spezielles Studium gar nicht mehr erschließen können. Der praktische, volkstümliche Teil der Feng-Shui-Lehre hat allerdings als Allgemeingut der einfachen Menschen auf breiter Basis überlebt. Allerdings ist Feng Shui vielen jüngeren Chinesen nicht mehr so vertraut.

Bedeutungswandel

Im Alltag hat Feng Shui Bedeutung für das Erlangen von Glück und Reichtum. Die überlieferten Erfahrungen vieler Generationen und das gesammelte Wissen alter Meister haben auch die Zeit der Kulturrevolution (60er und 70er Jahre) in China überstanden, als die kommunistischen Herrscher die Feng-Shui-Praxis als Aberglauben unterbanden. Es wird allerdings erzählt, daß die alten kommunistischen Führer wie Mao Tse Tung selbst ihre Häuser nach Feng-Shui-Regeln einrichteten, dies aber bestritten haben sollen.

Feng-Shui-Zentren

Taiwan, Hongkong und Singapur haben sich zu Hochburgen des Feng Shui entwickelt, in denen die alte Lehre eine Renaissance erlebt. Hier wurden die Feng-Shui-Experten zunächst vor allem von Wirtschaftsunternehmen konsultiert, um deren Geschäftserfolge abzusichern.

Die Feng-Shui-Schulen

Formschule

Ursprünglich entwickelten sich zwei Hauptrichtungen des Feng Shui: Die sogenannte Formschule und die Kompaßschule. Beide Schulen versuchten Methoden zu entwickeln, mit denen man die Wirkung bestimmter geographischer Orte auf den Menschen bestimmen kann. Diese Schulen werden heute nicht mehr in reiner Form betrieben; die Ansätze und Lehrmeinungen wurden miteinander verknüpft oder vermischt.

Die stark geomantisch orientierte Formschule beschreibt und interpretiert hauptsächlich Landschaftsformen und in der neueren Zeit die Silhouette von Stadträumen. Durch Beobachtung der Konturen, Form und Lage der Erhebungen sowie des Verlaufs von Gewässern in der Umgebung werden die Grundstücke jeweils bezüglich der Art und Stärke der hier auftretenden Qi-Energie beurteilt. Die Formschule erfaßt hauptsächlich mit Intuition das Qi der Erde und arbeitet mit einer speziellen Symbolik. Ein Berg, dessen Umrisse an die Form eines Drachen erinnern, hat eine positive Wirkung, weil Drachen nach chinesischem Glauben Glück bringen sollen.

Als ideal wird ein Platz für ein Haus beschrieben, das auf der Rückseite von einem als Schwarze Schildkröte bezeichneten Berg geschützt wird. Auf der rechten Seite sollte sich ein Grüner Drache genannter Hügel befinden. Er korrespondiert mit einer etwas kleineren Erhebung auf der linken Seite, die als Weißer Tiger bezeichnet wird. Vor dem Haus liegt eine flache Senke, Roter Phönix oder Vogel genannt.

In einer flachen Landschaft sucht die Formschule nach stellvertretenden Gegebenheiten. So können auch Bäume beiderseits eines Hauses den Grünen Drachen und den Weißen Tiger verkörpern. Bäume, die man hinter dem Haus pflanzt, dienen dem Schutz, sind

Formen und Symbole der vier Richtungen in einer idealen Lage.

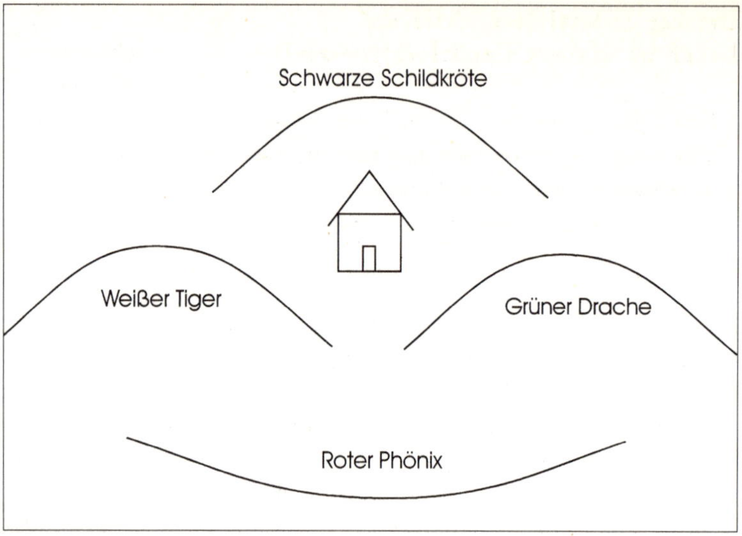

also als Schwarze Schildkröte zu deuten. Die Bedeutung von Drache und Tiger kann man auch einem Gelände geben, das seitlich leicht ansteigt.

Kompaßschule

Die sogenannte Kompaßschule untersuchte vor allem die Qualitäten der Himmelsrichtungen. Sie hat die acht Trigramme des I Ging und die chinesische Astrologie als Grundlage, auf der Berechnungen angestellt werden. Diese Richtung ist stärker praxisorientiert als die Formschule und wird oft von den Feng-Shui-Beratern mit den Erkenntnissen anderer Schulen kombiniert. Das wichtigste Werkzeug der traditionellen Kompaßschule ist der Lo Pan, ein geomantischer Kompaß. Mit seiner Hilfe wird die Richtung bestimmt, die einem Haus positive kosmische und irdische Strahlungen bringt.

Lo Pan

Der Lo Pan ist gleichzeitig Instrument und Informationsträger. In der Mitte der runden Holzscheibe befindet sich ein kleiner Magnetkompaß. Sechs bis zwölf konzentrische Ringe tragen umfangreiche Informationen, u. a. verschiedene Gradeinteilungen und die acht Hauptrichtungen des Ba Gua. Die Einstellung und Interpretation des Lo Pan ist auch für fortgeschrittene Schüler des Fen Shui sehr kompliziert. In der Schweiz wurde inzwischen ein Lo Pan des Westens entwickelt.

Feng Shui im Alltag und in der Geschäftswelt

Die Feng-Shui-Lehre läßt sich auf viele Lebensbereiche anwenden; ihre bewußte, professionelle oder intuitive Anwendung ist nicht nur in Ostasien weit verbreitet.

vielfältige Einsatzgebiete

Das Aquarium oder auch der kleine Springbrunnen im Wartezimmer von Arztpraxen in Deutschland wirken, ebenso wie Windspiele, an der richtigen Stelle angebracht, beruhigend und bannen Ängste. Die mehr oder weniger bewußte Gestaltung folgt der chinesischen Harmonielehre. Wir können die entspannte Atmosphäre dieser Räume spüren.

Auf den chinesischen Märkten haben viele Besitzer von Verkaufsständen Rat bei Feng-Shui-Experten geholt, um den besten Standort auf den Millimeter genau zu bestimmen. Sie würden niemals ihren Stand verschieben, denn, davon sind die chinesischen Verkäufer überzeugt, das würde ihr gutes Geschäft kaputtmachen.

Feng-Shui-Berater

Überall auf der Welt werden Feng-Shui-Spezialisten befragt, die den richtigen Winkel für Wohngebäude und Geschäftshäuser kennen, um nach den alten Regeln geeignete Grundstücke zu ermitteln. In Hongkong, wo etwa 3000 Feng-Shui-Berater tätig sind, und Singapur wird kein Bankhochhaus und kein Kaufhaus ohne Rückgriff auf das traditionelle Feng-Shui-Wissen geplant. Die Planung der Hongkong and Shanghai Bank, vom Stararchitekten Sir Norman Foster vorgelegt, wurde in einigen Bereichen geändert, weil der Feng-Shui-Meister Koo Pak Ling darauf bestand. Weil eine günstige Feng-Shui-Situation auch geschäftlichen Erfolg verspricht, planen viele Unternehmer in Asien mit Hilfe der Experten. Auch in der Volksrepublik China ist diese Beratung von Geschäftsleuten sehr gefragt, obwohl Feng Shui hier als eine Art von Aberglaube offiziell nicht gerne gesehen wird. Während der gesamten Planungsphase für Gebäude und Büroräume werden Feng-Shui-Gelehrte eingeschaltet. Die Beratungen reichen von der Beurteilung der richtigen Lage des Firmengrundstücks bis zur optimalen Plazierung der Computer in den Räumen.

Auch für die Wohnsituation bzw. Wohnimmobilien hat Feng Shui eine praktische Bedeutung erlangt. Denn in Hongkong hängt der Verkaufswert von Apartments oft von der jeweiligen Feng-Shui-Situation ab. Makler können für Wohnungen mit gutem Feng Shui hohe Preise verlangen; Unterkünfte mit schlechtem Feng Shui finden keine Mieter.

Verschiedene chinesische Zeitungen (u. a. Sing Tao Ribao) haben eine Rubrik, in der regelmäßig Artikel zu Lebens- und Wohnproblemen unter dem Aspekt von Feng Shui veröffentlicht werden. Diese Quellen haben uns für dieses Buch wertvolle Informationen geliefert.

Auch in den USA ist Feng Shui sehr populär geworden, nicht nur bei den Amerikanern mit chinesischen Vorfahren. So ließ zum Beispiel Donald Trump sein New Yorker Hochhaus nach den Regeln der asiatischen Harmonielehre gestalten.

Fallbeispiel

Feng-Shui-Analyse des Arbeitszimmers des amerikanischen Präsidenten:

Der Feng-Shui-Experte Pun Yin, der in New York arbeitet, hat bei der Analyse des Büros des amerikanischen Präsidenten, dem Oval Office im Weißen Haus in Washington, mehrere Schwachstellen festgestellt. Bei der gegenwärtigen Einrichtung des Raumes gibt es Probleme mit dem Energiefluß.

Zuerst macht Pun Yin die ovale Form des Raums als ungünstige Bedingung für die Durchsetzung politischer Entscheidungen aus. In einem Raum mit rechteckigem Grundriß gibt es mehr geistige Unterstützung und Kontrollmöglichkeiten. Das Qi des Büros ist heiß und entspricht dem Element Feuer. Dies verträgt sich nicht mit Bill Clintons Element, dem Holz. Das führt zu Konflikten, die in den zahlreichen Affären des Präsidenten zum Ausdruck kommen.

Pun Yin macht mehrere Vorschläge zur Verbesserung der Feng-Shui-Situation:

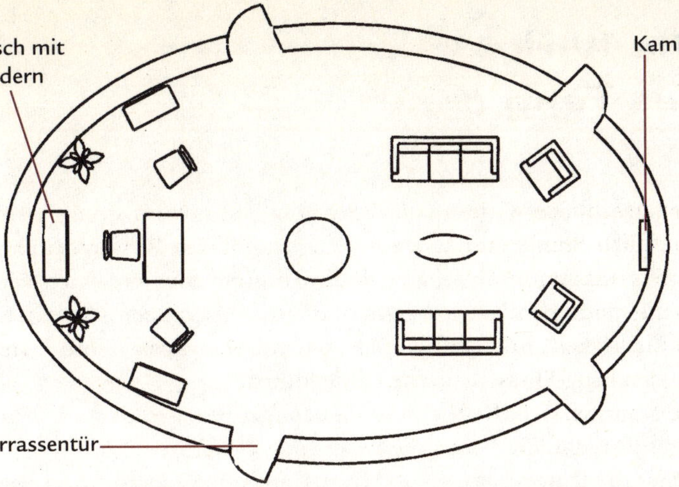

Das Oval Office des amerikanischen Präsidenten

- Der Schreibtisch sollte aus der angreifbaren Position in der Nähe der Fenster und im Bogen entfernt werden (1).
- Um nicht zu viel Qi-Energie zu verlieren, muß die Tür zur Halle versiegelt werden (2)
- Familienfotos auf dem Kamin und Tisch strahlen Wärme aus (3).
- Die beiden Sofas sollten schwarz bezogen werden, um das Wasser-Element zu stärken (4).
- Ein Springbrunnen am Fenster kühlt das Feuer-Element ab, das im Süden am heißesten ist (5).

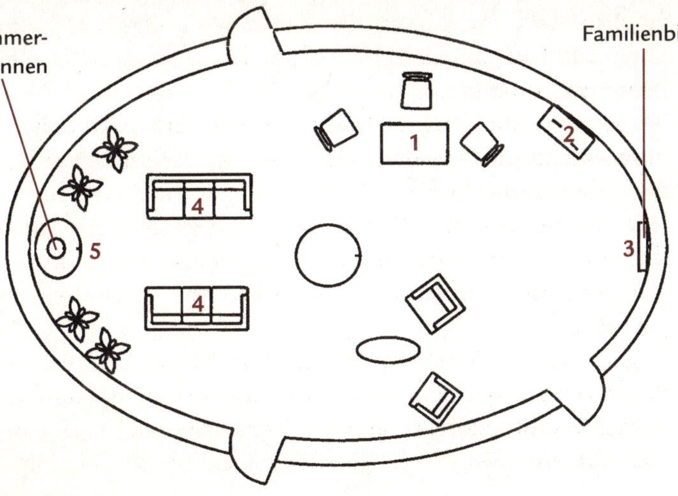

Besssere Aufteilung

Die Wirksamkeit des Feng Shui

Nachvollziehbarkeit

Die tatsächliche Wirkung des Feng Shui läßt sich im streng wissenschaftliche Sinn kaum beweisen. Aber es gibt viele Zusammenhänge jenseits unserer unmittelbaren Wahrnehmung oder meßbarer Werte, die die modernen Naturwissenschaften nicht erklären können. Für die Richtigkeit ihrer Auffassung werden viele Beispiele und Erfolge von den Feng-Shui-Fachleuten aufgeführt:

- Der große wirtschaftliche Erfolg Hongkongs wird darauf zurückgeführt, daß der Hafen die Form einer Geldbörse habe.
- Erst die Umgestaltung des Hyatt-Hotels in Singapur nach Feng-Shui-Regeln brachte das vorher schleppende Geschäft in Gang. Der Springbrunnen vor dem Hotel korrigierte die ungünstige architektonische Gestaltung.

Spürbare Besserungen

Auch über die Beseitigung vielfältiger Probleme von Personen durch Feng-Shui-Maßnahmen im Wohnbereich wird zahlreich berichtet:

- Bei Schlafstörungen wird häufig festgestellt, daß das Bett an der falschen Stelle steht. Nachdem ein Feng-Shui-Berater Störlinien festgestellt hat, kann das Problem durch eine neue Plazierung des Bettes gelöst werden.
- Bei der Feng-Shui-Analyse einer Wohnung kam das Problem des übergewichtigen Bewohners zur Sprache, der sein Eßverhalten nur schwer kontrollieren konnte. Der Berater fand als Hauptursache heraus, daß der Kühlschrank in direkter Linie mit der Küchentür stand. Nachdem der Kühlschrank seitlich neben der Tür „versteckt" worden war, fiel es dem Mann viel leichter, abzunehmen.
- Es gibt Fälle, in denen sich ohne direktes Verschulden der Betroffenen Fehlschläge bei Investitionen und Geschäften häuften. Die finanzielle Situation verbesserte sich schlagartig, nachdem sie dem Rat eines Feng-Shui-Experten folgend für Ordnung in dem

Bereich für Reichtum und Wohlstand in der Wohnung und auf dem Schreibtisch sorgten.

Die Veränderungen der ungünstigen Raumnutzung oder Zimmereinrichtungen haben schon oft das Wohlbefinden ihrer Bewohner gesteigert. Dies ist eine subjektive Verbesserung, die durch die Auseinandersetzung mit den Erkenntnissen der Feng-Shui-Lehre erreicht wurde.

Pendel

Energien und Störenergien bestimmen die Feng-Shui-Berater beim Untersuchen von Wohnungen mit Hilfe von Pendeln. Sie bestehen aus Messing mit polierter oder verchromter Oberfläche und hängen an einer Kette. Die Pendel haben unterschiedliche Formen.

Hilfsmittel

Die Doppelhelix, die aus zwei ineinander gedrehten, gegenläufigen Spiralen besteht, gilt als ein besonderes Hilfsmittel des Feng Shui. Diese Spiralen wirken sich auf beeindruckende Weise bei Pflanzen vitalitätsfördernd aus. Wenn man zum Beispiel zwei gleiche Blüten auf einen Tisch legt und über eine Blüte eine Doppelhelix hängt, vertrocknet diese deutlich langsamer als die andere. Auch dieses Phänomen kann als ein Hinweis auf die unterschiedliche Verteilung der Qi-Energie im Raum gesehen werden.

Was will Feng Shui?

Feng Shui ist, wie wir gesehen haben, eine Harmonielehre, die dabei helfen soll, durch Beachtung der Naturkräfte und kosmischen Einflüsse eine optimale Ordnung zwischen den Menschen und ihrer räumlichen Umwelt zu schaffen. Leben wir in Harmonie mit unserer Wohnung und der Umgebung, wird unsere Vitalität und damit unser erfolgreiches Handeln gefördert.

Der Mensch wird von der Materie und der unsichtbaren Energie seiner Umgebung beeinflußt; er beeinflußt sie aber auch selbst und kann sie verändern. Die Feng-Shui-Lehre befaßt sich mit dieser ständigen Wechselwirkung und stellt somit eine Art von Umweltkonzept dar, das auf den universellen kosmischen Gesetzmäßigkeiten basiert.

Harmonische Ordnung

Die harmonische Ordnung der Dinge, die uns umgeben, ist Voraussetzung für gutes Gelingen, für Gesundheit, Zufriedenheit, Wohlbefinden, Glück und Erfolg. Die Feng-Shui-Lehre geht wie gesagt davon aus, daß unsere Lebenssituation nicht allein von unserem Handeln bestimmt wird. Ungünstige Rahmenbedingungen oder Umstände unserer Aktivitäten können Mißerfolge, Unglück und Krankheit begünstigen. Harmonie heißt günstiges Feng Shui.

Räumliche Umwelt

Die Lage und der Standort von Gebäuden und Wohnungen, die Architektur, der Grundriß der Räumlichkeiten sowie die Einrichtungen sollten nach Feng-Shui-Gesichtspunkten geplant werden. Unsere Wohnung ist wie unsere zweite Haut; ist die Wohnung negativen Einflüssen ausgesetzt, wirkt sich dies auch auf die Körper ihrer Bewohner aus.

Naturkräfte und günstiges Arrangement

Um Harmonie zu erreichen, müssen Sie die verschiedenen Faktoren wie die Elemente der Bewohner, die Art und Richtung der Energieströme und den Grundriß der Wohnung berücksichtigen. Es geht vor allem darum, positive förderliche Energien (Qi) als Lebenskraft zu unterstützen und fließen zu lassen und negative, schädliche Energien (Sha) abzuwehren.

Wind und Wasser

Feng Shui bedeutet „Wind und Wasser". Damit werden zwei entgegengesetzte und sich doch ergänzende Naturkräfte bezeichnet, die beim Bauen und Einrichten in Balance gebracht werden sollen. Sie sind quasi das Yin und Yang der Architektur.

Konzepte

Die Chinesen haben mehrere miteinander verbundene Konzepte zur Interpretation der Welt und zum Umgang mit universellen Gesetzmäßigkeiten entwickelt. Sie bilden die Basis der Feng-Shui-Lehre, auf der die Methoden zur Untersuchung und Verbesserung der Wohn- und Lebenssituation entwickelt wurden.

Zusammengehörende Gegensätze: Yin und Yang

Yin und Yang werden als zusammengehörige und gleichzeitig entgegengesetzte Kräfte oder Faktoren betrachtet, die in jeder Gegebenheit des Universums wirken. Ziel ist es, das Gleichgewicht zwischen diesen polaren Kräften im Menschen und seiner Umgebung herzustellen, um Harmonie zu erreichen.

Kräftespiel

Yin und Yang sind konträre Kräfte, die sich aber gegenseitig bedingen und ergänzen. Yin kann nicht ohne Yang existieren. Ihr ausgewogenes Zusammenspiel ist eine unabdingbare Voraussetzung für Vollkommenheit; alle Prozesse beruhen auf einem ständigen Wechsel von Yin- und Yang-Kräften.

Zusammenhänge

Ursprünglich bezeichneten die Chinesen mit Yin die schattige, nördliche Seite eines Hügels, mit Yang den sonnigen, südlichen Hang. Dieses Bild verdeutlicht sehr gut den inneren Zusammenhang zwischen den Gegensätzen. Mit der Veränderung des Sonnenstands vergrößert sich der Schatten auf Kosten des Sonnenhangs oder umgekehrt. In der Dynamik gibt es eine ständige Verschiebung der Gewichte zwischen Yin und Yang.

Der Yu-Garten in Shanghai

Feng Shui in Parkanlagen

Anschauliche Beispiele: chinesische Gärten

Die Gestaltung der chinesischen Gärten, vor allem in der Zeit der Ming-Dynastie (1368–1644), folgte der Idee von Yin und Yang. In diesen Anlagen, in denen die Gebäude wichtiger sind als die Pflanzen, wird Gegensätzliches nebeneinander plaziert, um dann die Kontraste in eine dynamische Balance von Yin und Yang zu bringen. So stehen harte neben weichen Elementen, rauhe Oberflächen stoßen auf glatte, sprießende Ecken grenzen an kahle Stellen, Dunkles kontrastiert mit Hellem usw. Typisch sind stille Wasserflächen (Yin), aus denen massive Felsen (Yang) herausragen. Es geht nicht um ein gefälliges Arrangement von Pflanzen. Die chinesischen Gartenbaumeister wollten vielmehr die Harmonie der Gegensätze und die Wirkung der kosmischen Qi-Energie darstellen.

Gegensatzpaare

Feng Shui wendet die Dualität von Yin und Yang auf jedes einzelne Objekt, jede Form und jeden Bereich unserer Wohn- und Arbeitsumgebung an. Es gibt keinen Gegenstand, der vollkommen der Yin- oder der Yang-Seite zuzuordnen ist.

Yin
weiblich
instabil
fließend
passiv
negativ
Trauer
Nacht
vorübergehend

Yang
männlich
fest
solide
aktiv
positiv
Glück
Tag
dauerhaft

Typische Gegensatzpaare, die Yin und Yang repräsentieren, sind Frau und Mann, Schwarz und Weiß, Tod und Leben, Nacht und Tag. Es gibt keine Nacht ohne Tag; erst der Gegensatz zur Nacht definiert den Tag. Mit Yin und Yang werden keine moralischen Wertungen verbunden; sie beschreiben vielmehr ein allgemeines Prinzip unserer Existenz.

Beide Kräfte sind in jeweils unterschiedlichen Anteilen in einer Sache vertreten. Als Problem wird erkannt, daß Yin oder Yang manchmal extrem ausgeprägt sind. Einseitigkeit wie zum Beispiel zu viel Lärm oder grelles Licht führen zu Disharmonien und nach einiger Zeit aufgrund der universellen Gesetzmäßigkeiten zu Gegenreaktionen, die gesundheitliche oder andere persönliche Probleme auslösen können. Der Ausgleich beziehungsweise ein vernünftiges Verhältnis von Yin und Yang ist wichtig, damit der Fluß der Lebensenergie in die richtige Richtung strömen kann.

Yin- und Yang-Bereiche

Landschaften mit sanften Hügeln, Wiesen und Wäldern gelten als Yin-Bereiche. Sie sind geeignete Orte, wenn Sie sich erholen und entspannen möchten. Einen krassen Gegensatz dazu bilden die hektischen Großstädte mit ihren ausgeprägten Yang-Situationen. Diese Umgebung fördert die dynamischen Karrieremenschen.

Hohe, schmale Gebäude und Gebirge sind der Yin-Seite zuzuordnen. Entsprechend überwiegt in flachen Landschaften der Yang-Aspekt: die ebene Oberfläche behindert die Mobilität und andere standortgebundene Aktivitäten weniger als Berg und Tal.

Yin und Yang kommt bei fast allen Aspekten der Gestaltung von Wohnungen, Häusern und Arbeitsstätten zum Tragen. Zunächst ohne Berücksichtigung der Einrichtung kann man in Räumen aktive, das heißt Yang-Bereiche feststellen. Sie liegen auf der Seite von Türen, Fenstern und Öffnungen, weil es hier Bewegung gibt. Die ruhigen, geschützten Zonen sind die Yin-Bereiche. Sie eignen sich vor allem als Schlafplatz und Orte, an denen wir uns entspannen möchten.

Beispiele für Yin- und Yang-Eigenschaften in der Wohnung

Die Yin- und Yang-Seiten von Räumen

Yin	Yang
rechts	links
unten	oben
kühl (Fenster, Klimaanlage)	warm (Ofen, Heizung)
dunkel, dunkle Farben	hell, helle Farben
Schattenseite	Sonnenseite
feucht	trocken
geschwungene Linien	gerade Linien
Ruhe	Straßenlärm
leere Wände	volle Bücherregale
weich (Kissen)	hart (Holzbank)
schwer	leicht
nach innen gerichtet	nach außen gerichtet

Extreme auf der einen oder anderen Seite sollten nur für kurze Zeit hingenommen werden. Andererseits können Sie mit der Betonung von Yin oder Yang einen gewünschten Effekt erzielen. In einem Ruheraum ist es natürlich vorteilhaft, wenn der Yin-Aspekt überwiegt. Hier würden zu helle Glühbirnen natürlich störend wirken. Möchten Sie hingegen Ihre Aktivitäten fördern, könnten Sie Ihrem Büro mehr Yang-Impulse geben.

Folgende Übersichten geben Hinweise, wie Sie das Yin-Yang-Verhältnis in einem Raum ausbalancieren oder Ihren persönlichen Anforderungen anpassen können:

Förderung der Yin-Impulse:

- Weniger und schwächere Lampen wählen
- Dunkle und gedämpfte Farben verwenden
- Die Muster der Vorhänge, Teppiche, Sofabezüge usw. sollten geschwungene Linien zeigen
- Störende Geräuschquellen abstellen
- Gedrungene Möbel und tiefe Sitzgelegenheiten in den Raum stellen
- Die Luftfeuchtigkeit in den Räumen erhöhen

Förderung der Yang-Impulse:

- Mehr und stärkere Lampen verwenden
- Helle und starke Farben einsetzen
- Üppige Dekorationen aufstellen
- Vorhänge, Teppiche und Bezüge mit geometrischen, geradlinigen Mustern wählen
- Für Hintergrundgeräusche sorgen, zum Beispiel tickende Uhren
- Hohe Möbelstücke in den Raum stellen
- Für trockene Luft sorgen

Persönlichkeit

Auch die Persönlichkeit der Bewohner unterliegt der Regel der Polarität. Es gibt eher in sich gekehrte, ruhige und erdverbundene Menschen, die der Yin-Seite zuzurechnen sind. Als Yang-Personen werden solche Menschen bezeichnet, die gesellig, aktiv und sportlich sind. Wenn Sie zu sehr in die eine oder andere Richtung neigen, können Sie versuchen, durch die genannten Maßnahmen ein Gegengewicht in Ihrer eigenen Wohnung zu schaffen.

Bei der Gestaltung der Wohnung sollten Sie die Einrichtungsgegenstände und Bauteile bezüglich ihrer speziellen Yin- und Yang-Qualitäten beurteilen. Wichtige Gesichtspunkte sind Farbe, Form und Material. Die Übergänge zwischen den Extremen sind nahezu kontinuierlich.

Übergang von der Yang- zur Yin-Qualität

Farbe	Form	Material	Yan
Rot	Kreis (als kompakte Form)	Glas	
Orange	Achteck Quadrat	Granit Stein	
Gelb	breites Rechteck	Metall	
Grün	breites Oval schmales Rechteck	Hartholz Weichholz	
Blau	dünn, wellenförmig	Stoff	Yin

Die Lebenskraft Qi

Unter Qi wird nicht nur in der Feng-Shui-Lehre der „kosmische Atem", die Lebensenergie verstanden, die alles durchströmt. Auch in der chinesischen Medizin, in der Meditation und bei den Körperübungen hat Qi eine zentrale Bedeutung.

Vitalität

Qi ist die unentbehrliche Voraussetzung für die Vitalität aller Lebewesen und Pflanzen. Ohne eine Mindestmenge dieser positiven universellen Energie ist alles nur eine leere Hülle. Ein Mangel an Qi hat Verkümmerung und Rückentwicklung zur Folge. Allerdings bewirkt ein hoher Überschuß an Qi chaotische Verhältnisse und damit ebenfalls Probleme.

Qi entsteht durch die kosmische Strahlung der Sonne und Planeten und bildet einen Energiestrom feinstofflicher Art, der sich in der ganzen Erdatmosphäre verteilt. Qi wird vom Energiefeld des Menschen angezogen, so daß er diese Vitalkraft in sich aufnehmen kann.

Qi-Aktivierung

Qi-Gehalt

Sprudelndes Wasser und Wasserfälle aktivieren das Qi, weil die Reibung des Wassers die Luft negativ auflädt, so daß die Mikropartikel in großer Menge angezogen werden. Um einen Maßstab zu haben, wird der durchschnittliche Qi-Gehalt der Luft im Freien an einem sonnigen Tag mit 100 % festgelegt. In unseren Wohnräumen beträgt er teilweise nur 60 %, kann aber durch entsprechende Maßnahmen gesteigert werden. An Wasserfällen beträgt er bis zu 300 %. Ein positiver Effekt des Qi, das zur Yin-Seite gehört, ist es, daß es Sauerstoff (Yang) anzieht. Klangspiele, Mobiles, Kristalle und andere Hilfsmittel des Feng Shui aktivieren die Qi-Energie im Wohnraum. In den meisten Fällen ist dies ein willkommener Effekt.

Aktivität

In der Wohnung fördert die gute Versorgung mit Qi unser Wohlbefinden und unsere Aktivitäten. Blockaden des Qi-Flusses im Wohnumfeld hingegen stellen regelrechte Hindernisse für unsere persönliche Entwicklung dar. Die gute oder schlechte Qi-Situation von Räumlichkeiten überträgt sich auf die allgemeine Atmosphäre, die wir unbewußt wahrnehmen: manche Räume wirken einladend und inspirierend, andere empfinden wir als ungemütlich und bedrückend.

Gesetzmäßigkeiten

Das Verhalten der Qi-Energie folgt bestimmten Gesetzmäßigkeiten, die wir Ihnen im folgenden erläutern wollen.

Qi-Menge

Die Qi-Menge verteilt sich ungleichmäßig; sie ist abhängig von den jeweiligen örtlichen und räumlichen Bedingungen. Bergkuppen sind zum Beispiel schlechte Standorte für Wohnhäuser, weil das Qi hier leicht vom Wind weggeweht werden kann. Bevorzugte Siedlungsplätze liegen an langsam fließenden Gewässern, weil in diesen Bereichen Qi in größerer Menge auftritt und gebildet wird. In der Nähe von Pflanzen und in Wäldern ist der Qi-Gehalt der Luft besonders hoch. Zuviel Qi ist ebenso ungünstig für das Wohlbefinden des Menschen wie zu wenig.

Qi-Bahnen

Qi muß sanft in geschwungenen Bahnen fließen und frei zirkulieren, um positiv wirken zu können. Das gerade, kanalisierte Strömen ist eine vollkommen unnatürliche Art der Bewegung. Eine geschwungene Linienführung, bei der die Abschnitte der Bahn miteinander in Beziehung stehen, erzeugt dagegen eine kraftvolle Harmonie. Sie können sich diesen Zusammenhang am Bild eines Fließgewässers verdeutlichen: Ein natürlicher Bach mit vielen Windungen und ohne größeres Gefälle ist ein Biotop, das voller Leben steckt. Ein kanalisierter Bach im Betonbett ist ökologisch so gut wie tot.

Qi-Fluß

Ist der Qi-Fluß stark, schnell und geradlinig, hat er ungünstige und zum Teil schädliche Folgen. Deshalb ist es bei ungünstigen Anordnungen von Türen und Fenstern notwendig, ihn zu bremsen, ohne ihn allerdings ganz zu stoppen. Liegen Eingangstür und ein Fenster auf der Rückseite einander genau gegenüber, verläßt Qi das Haus auf direktem Weg wieder, wenn sich kein Hindernis zwischen den beiden Öffnungen befindet. Der Qi-Fluß kann durch verschiedene Gegenstände und ihre Anordnung gelenkt, behindert oder ganz aufgehalten werden. Den größten Effekt haben Spiegel, denn sie können den Qi-Fluß reflektieren. Die Hilfsmittel, die wir Ihnen in einem

Ungünstige Anordnung von Türen und Fenstern auf einer Linie. Der Qi-Strom saust wie ein Pfeil durch die Zimmer.

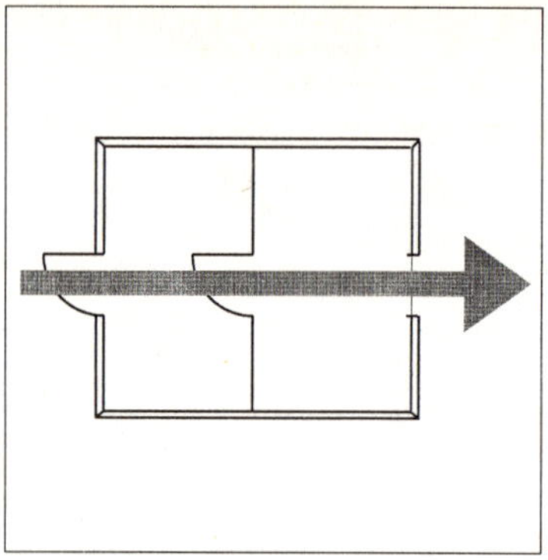

Günstige Anordnung. Der Energiefluß folgt geschwungenen Bahnen.

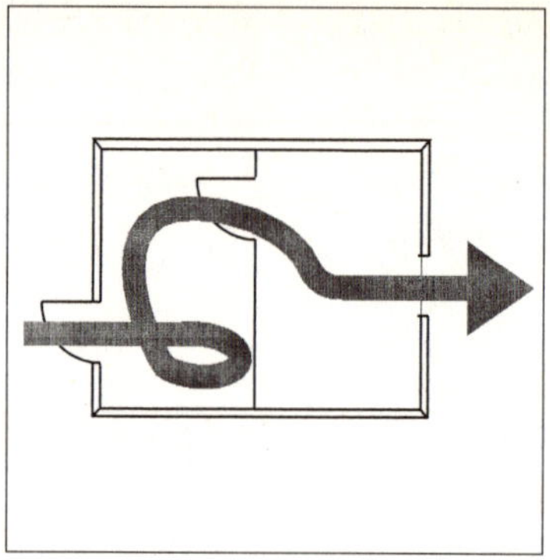

späteren Kapitel vorstellen, ermöglichen Maßnahmen, mit denen auch Feng-Shui-Berater das Qi aktivieren und steuern können.

Stagnierendes Qi

Stagnierendes Qi bedeutet ungenutztes Potential. Qi stagniert vor allem in solchen Bereichen, in denen es keine Bewegungs- und Abflußmöglichkeiten gibt.

Stagnationszonen sind oft dunkle Winkel und unbelebte Ecken. Übermäßige Staubablagerungen sind ein Zeichen für stagnierendes Qi. In diesem Fall können Sie Qi mit Hilfe eines Spiegels, einer spitzblättrigen Zimmerpflanze oder eines Spotlichts aktivieren.

Auch Unordnung in Zimmerecken und Regalen sowie verschmutzte Oberflächen können Qi stagnieren lassen. Deshalb empfiehlt es sich, regelmäßig aufzuräumen und die Möbel von Zeit zu Zeit feucht abzuwischen.

Qi-Eingang

Qi kommt hauptsächlich durch den Haupteingang in unser Haus und durch die Zimmertüren in die Räume, auch wenn die Türen geschlossen sind. Es benötigt einen anderen Ausgang, in der Regel Fenster, damit die Zirkulation nicht gestoppt wird. Weil der Qi-Fluß zu einem großen Teil - verschiedene Experten gehen von 70 % aus - durch den Hauseingang in das Gebäude gelangt, ist seine Ausrichtung von großer Bedeutung für die Energiezufuhr.

Bei der Feng-Shui-Analyse von Gebäuden und Wohnungen werden vor allem die Qi-Menge und der Qi-Fluß untersucht. Die Quantität dieser positiven Energie, die benötigt wird, hängt vor allem von der Funktion und den Gegebenheiten der jeweiligen Räumlichkeiten ab.

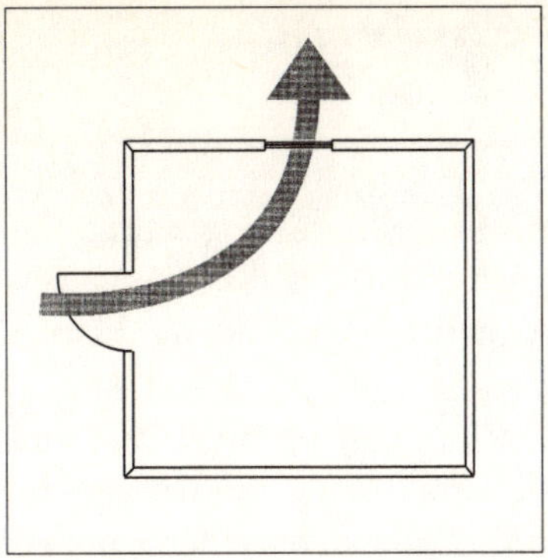

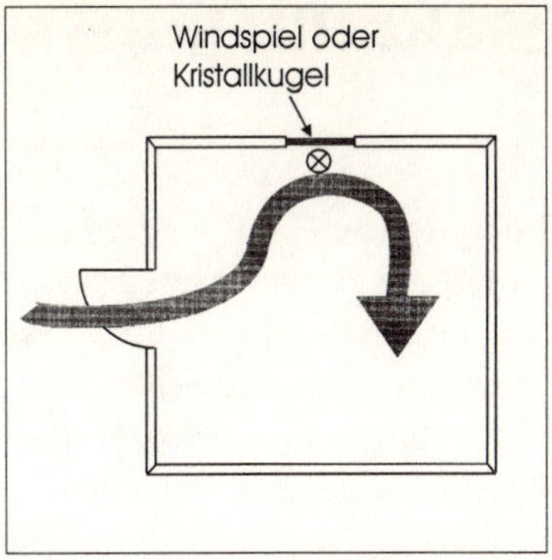

Das Zimmer bleibt mit Qi unterversorgt, wenn der Energiestrom nach dem Passieren der Türen sofort durch das nahegelegene Fenster wieder austritt.

Ein Windspiel oder eine Kristallkugel – vor dem Fenster aufgehängt – lenkt die Qi-Energie in den Raum zurück.

Häufig wird ein Haus mit dem menschlichen Körper verglichen, in dem das zirkulierende Blut dem fließenden Qi entspricht. Der Qi-Fluß sollte nicht behindert werden und die Möglichkeit haben, sich in sanft gewundenen Bahnen frei zu bewegen. Es ist wichtig, daß diese Bahnen durch die ganze Wohnung beziehungsweise durch das ganze Gebäude führen. Aufgabe des Feng Shui ist es, Hindernisse für das strömende Qi – zum Beispiel ein schwerer Schrank – zu erkennen und zu beseitigen.

Hindernisse

Man kann den Qi-Fluß für ein ganzes Gebäude oder die Ecke eines Raumes abschätzen oder berechnen. Die Qi-Menge wird von den Bahnen, dem Zentrum des Raums, den Einrichtungsgegenständen sowie von den Dekorationen beeinflußt.

Qi-Steigerung durch
- angenehme Temperatur
- Öffnungen, Fenster
- Licht
- Pfade
- runde und geschwungene Formen
- bewegliche Objekte

Qi-Behinderung durch
- extreme Temperaturen
- geschlossene Türen
- Dunkelheit
- Mauern
- Ecken, Kanten
- bewegungsloses Ambiente

Schädliche Sha-Energie

Energieströme mit negativer Wirkung werden Sha genannt. Im Gegensatz zu Qi, das in geschwungenen Bahnen fließt, bewegt sich Sha in der Regel geradlinig. Für Sha gibt es verschiedene Formen beziehungsweise Ursachen.

Störungen

Störungen im Untergrund wirken sich ungünstig auf Häuser und ihre Bewohner aus. Dabei kann es sich zum Beispiel um tektonische Verwerfungen oder Wasseradern handeln. Diesen Störenergien können Sie oft schon durch Verschieben von Ihrem Bett oder Schreibtisch ausweichen.

Hohlformen

Energie, die durch langgezogene Gelände-Hohlformen wie Tunnel, Gänge oder Straßen kanalisiert wird und direkt auf ein Gebäude prallt, ist als Sha zu bezeichnen. Die Belastungen entstehen durch die geradlinige Beschleunigung des Energieflusses.

Geheime Pfeile

Sogenannte „geheime Pfeile" entstehen z. B. durch überstehende Dächer, Ecken und scharfe Kanten von Gebäuden, die auf ein benachbartes Haus zielen. Entsprechend können ungünstige Einflüsse von Möbelstücken und vorspringenden Ecken innerhalb der Wohnung ausgehen. Mit Zunahme der Entfernung zwischen der aggressiven Stelle und dem Haus bzw. dem Wohnbereich wird Sha schwächer.

Schneidendes Qi

Sha ist praktisch schneidendes Qi. Es kann Unglück, Konzentrationsschwäche, Mißgeschicke und Streitigkeiten begünstigen. Deshalb sollte es nicht lange auf den Aufenthaltsbereich von Menschen gerichtet sein.

Als Maßnahmen gegen Sha im Außenbereich können Sie eine Schutzhecke pflanzen und Hilfsmittel an Tür und Fenster anbringen. Im Innenbereich können Sie die Möbel verschieben oder auch scharfe Kanten zum Beispiel mit Zimmerpflanzen oder Vorhängen verdecken. Deckenbalken gehören zu den ungünstigen Gebäudestrukturen. Diese Tragwerkskonstruktionen bringen durch ihre Kanten nicht nur schneidendes Qi ins Spiel; unter ihnen entsteht auch ein ungesunder Energiedruck. Deshalb sollten Sie sich unter Deckenbalken nicht längere Zeit (zum Beispiel schlafend) aufhalten.

Unglückliche Ereignisse der Vergangenheit hinterlassen manchmal negative Energien in alten Gebäuden und Möbelstücken. Dies kann zu einer unterschwelligen Belastung der Atmosphäre führen.

Die Fünf Elemente

Das System der Fünf Elemente oder auch der Fünf Wandlungsphasen ist ein wichtiger Bestandteil der Feng-Shui-Lehre. Alle Dinge, die uns umgeben, lassen sich bezüglich ihres Einflusses auf andere Objekte und ihres Entwicklungspotentials den jeweiligen Elementen zuordnen. Man kann die einzelnen Elemente auch als spezifischen Zustand von Qi begreifen.

Symbolik

Die Symbolik der Fünf Elemente dient der Typisierung von Zuständen und Prozessen, die zum Entstehen und Vergehen und Wandel der Beziehung von Yin und Yang gehören. Im Unterschied zu den vier Elementen (Erde, Wasser, Luft, Feuer) der westlichen Astrologie handelt es sich um Holz, Feuer, Erde, Metall und Wasser.

persönliches Element

Die Zuordnung der Elemente zu Gegenständen und Vorgängen läßt sich zu einem großen Teil intuitiv nachvollziehen; wir können auf unsere Erfahrungen mit physikalischen Prozessen zurückgreifen. So verstehen wir leicht, daß Feuer für die Farbe Rot und für Dynamik steht. Einen Kühlschrank hingegen ordnen wir dem Element Wasser und der Farbe Blau zu.

Vorbelastungen

Die Fünf Elemente erfassen die Eigenschaften sowohl von Menschen als auch von Objekten und Konstellationen in Landschaften, Siedlungen, Quartieren, auf Grundstücken und in Gebäuden. Das persönliche Element eines Menschen ergibt sich aus seinem Geburtsdatum (siehe Tabelle), aber auch aus seinem Charakter und Verhalten. Für die Feng-Shui-Analyse Ihrer Wohnung und Ihres Arbeitsplatzes ergeben sich daraus zwei wichtige Fragestellungen:

1. Verträgt sich mein persönliches Element mit den in meinem Umfeld wirkenden Elementen?
2. Ist die Mischung der Elemente der vorhandenen Einrichtungsgegenstände, die sich aus ihrer Form, Material und Farbe ergeben, in sich harmonisch?

Zwischen den verschiedenen Elementen gibt es positive, aber auch negative Beziehungen, d. h., fördernde oder hemmende Effekte. Diese Zusammenhänge müssen bei der Kombination der Elemente beachtet werden, um Harmonie und Gleichgewicht herzustellen. Unabhängig von speziellen Situationen werden die Beziehungen zwischen den Elementen in einer positiven, erzeugenden Sequenz und in einer negativen, zerstörenden Sequenz gezeigt. In realen

Bestimmung Ihres persönlichen Elements nach dem Geburtsjahr

Metall

20.2.1930	bis	27.1.1922
30.1.1930	bis	05.2.1932
08.2.1940	bis	14.2.1942
17.2.1950	bis	26.1.1952
28.1.1960	bis	04.2.1962
06.2.1980	bis	14.2.1972
16.2.1980	bis	24.1.1982
27.1.1990	bis	03.2.1992

Wasser

28.1.1922	bis	04.2.1924
06.2.1932	bis	13.2.1934
15.2.1942	bis	24.1.1944
27.1.1952	bis	02.2.1954
05.2.1962	bis	12.2.1964
15.2.1972	bis	22.1.1974
25.1.1982	bis	01.2.1984
04.2.1992	bis	08.2.1994

Holz

05.2.1924	bis	12.2.1926
14.2.1934	bis	23.1.1936
25.1.1944	bis	01.2.1946
03.2.1954	bis	11.2.1956
13.2.1964	bis	20.1.1966
23.1.1974	bis	30.1.1976
02.2.1984	bis	08.2.1986
09.2.1994	bis	18.2.1996

Feuer

13.2.1926	bis	22.1.1928
24.1.1936	bis	30.1.1938
02.2.1946	bis	09.2.1948
12.2.1956	bis	17.2.1958
21.1.1966	bis	29.1.1968
31.1.1976	bis	06.2.1978
09.2.1986	bis	16.2.1988
19.2.1996	bis	27.1.1998

Erde

23.1.1928	bis	29.1.1930
31.1.1938	bis	07.2.1940
10.2.1948	bis	16.2.1950
18.2.1958	bis	27.1.1960
30.1.1968	bis	05.2.1970
07.2.1978	bis	15.2.1980
17.2.1988	bis	26.1.1990

Situationen dürfen die Elemente nicht isoliert voneinander betrachtet werden.

Im Kreislauf der Schöpfung, der positiven Sequenz, fördert jedes Element das folgende. Versuchen Sie, sich diese Zusammenhänge bildhaft vorzustellen.

Wird die Pfeilrichtung genau umgekehrt, ergibt sich daraus der Zyklus der Zerstörung.

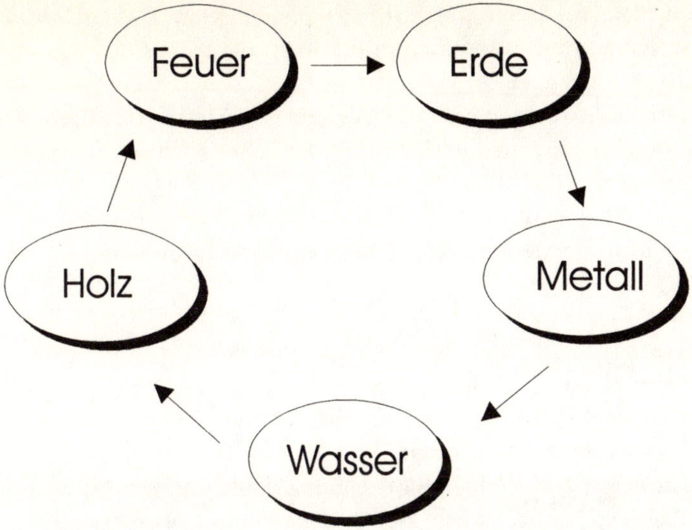

Positive Sequenz der Fünf Elemente

Positive Sequenz
- Die Asche des Feuers wird Erde
- Aus der Erde wird Metall gewonnen
- Metall bildet einen Behälter für Wasser
- Ohne Wasser wächst kein Baum, entsteht kein Holz
- Holz nährt das Feuer

Ein sogenannter Zyklus der Kontrolle ergibt sich, wenn in der positiven Sequenz das jeweils nächste Element übersprungen wird. In der Darstellung (Seite 40 oben) kontrolliert in den Gruppierungen das oben stehende Element dasjenige, das links unten steht. Die Beziehung zu dem dritten Element ist neutral oder ambivalent. Die

Negative Sequenz
- Feuer zerstört Holz
- Holz verbraucht Wasser
- Wasser fördert die Korrosion von Metall
- Für die Produktion von Metall wird Erde abgetragen
- Erde kann Feuer ersticken

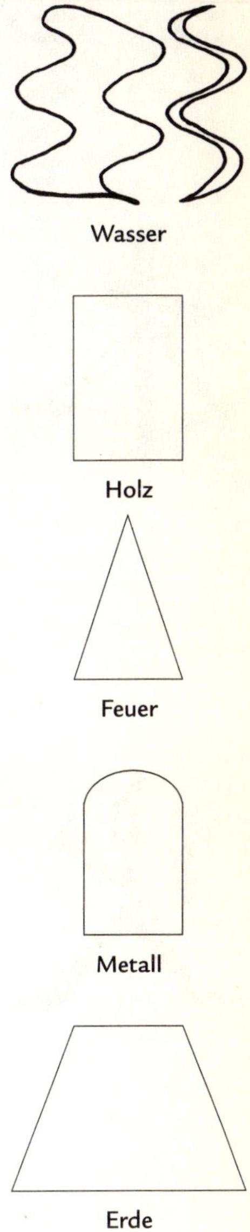

Den Elementen zugeordnete geometrische Formen.

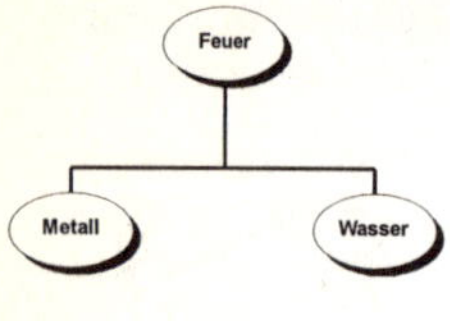

Beispiel

Fünf Elemente treten durch ihre jeweils typischen Farben, Formen, Materialien und Aktivitäten in Erscheinung. Sie werden den Himmelsrichtungen zugeordnet.

Das Feuer kontrolliert Metall; es kann das Metall schmelzen, Wasser kann ein brennendes Haus löschen, aber auch ein wärmendes Lagerfeuer.

Fassen wir die Merkmale der Fünf Elemente zusammen:

Holz
Farbe: Grün, Dunkelgelb, Weiß
Form: Hohes Rechteck, zylindrisch, aufstrebend
Material: Holz, Naturfasern
Landschaftsbild: Wälder, Bäume, hohe, säulenförmige Felsen
Gebäude: Türme, Säulen, Hochhäuser, Fabrikschornsteine
Himmelsrichtung: Osten, Südosten
Zimmer: Eßzimmer, Kinderzimmer, Schlafzimmer
Sonstige Eigenschaften: flexibel, stark, wachsend, expandierend
Gegenstände: Holzmöbel, Holzprodukte, Bilderrahmen usw.
Das Holzelement fördert das Glücklichsein und hilft, aus sich herauszugehen.

Feuer
Farbe: Rot, Goldgelb
Form: Dreieck, spitz, scharfkantig
Material: Kunststoffe, tierische Stoffe (Leder)
Landschaftsbild: Gebirge
Gebäude: Spitze Formen, Häuser mit steilem Satteldach, gotische Kirchen
Himmelsrichtung: Süden
Zimmer: Küche
Sonstige Eigenschaften: auffällig, aktiv, destruktiv, wärmend, begeisternd
Sie können das Feuerelement zum Beispiel in Form heller Lichter hinzufügen, wenn Sie Inspiration benötigen, oder wenn Ihnen die Atmosphäre zu ruhig und träge ist.

Erde
Farbe: Gelb, Braun
Form: flach, liegendes Rechteck, breites Trapez, Quadrat
Material: Ton, Lehm, Ziegelsteine, Beton, Kalkstein
Landschaftsbild: Ebene, Plateaus, abgeflachte Hügel
Gebäude: Bauten mit Flachdach, Wohnblocks
Himmelsrichtung: Mitte, Nordosten, Südwesten
Zimmer: Vorrats- und Lagerraum
Sonstige Eigenschaften: Ruhig, bodenständig, solide, dauerhaft, absteigend
Gegenstände: niedrige Tische mit quadratischer Form, Doppelbett, Tablett, Quarzkristall
Erde-Objekte sorgen für Stabilität und grenzen ab. Durch Verstärkung des Erde-Elements fördern Sie die Entspannung und unterdrücken Angstgefühle.

土

Metall
Farbe: Weiß, Ocker, Purpur, Rosa
Form: rund, gewölbt, kuppelförmig
Material: Metall, Stein, Stahlbeton
Landschaftsbild: kugelartige Erhebungen
Gebäude: Kuppelbauten, Bogenfenster
Himmelsrichtung: Westen, Nordwesten
Zimmer: Werkstatt, Hobbyraum
Sonstige Eigenschaften: streng, förmlich, reflektierend, aggressiv, praktisch
Gegenstände: Elektrogeräte, Klangspiel aus Metall, Bestecke, Türgriffe
Das Metallelement fördert die Kommunikation und die Umgangsformen.

金

Wasser
Farbe: Schwarz, Blau
Form: Wellenförmig, unregelmäßig
Material: Glas
Landschaftsbild: Hügellandschaft, unregelmäßige Geländeformen
Gebäude: Bauten mit unregelmäßiger Silhouette und Bauteile unterschiedlicher Höhe
Himmelsrichtung: Norden
Zimmer: Badezimmer, Toilette, Waschküche
Sonstige Eigenschaften: gleichzeitig sanft und zerstörerisch, fließend
Gegenstände: Glastische, große Fenster, Aquarien
Das Wasserelement ist nützlich, wenn Sie Lärm und Hektik reduzieren möchten. Es fördert auch die Übertragung von Ideen.

Es ist vorteilhaft, bei der Planung von Gebäuden und Gestaltung von Innenräumen den schöpferischen Zyklus mit mindestens drei aufeinanderfolgenden Elementen wiederzugeben. Dadurch bietet das Haus eine fördernde Basis für die Benutzer. Optimal ist eine ausgeglichene Darstellung aller Elemente.

Beispiel

Wenn Sie beabsichtigen, ein Haus im Gebirge zu bauen, ist vom Feuerelement auszugehen. Das nächste Element ist Erde, zu dem ein Bungalow, der den Umriß eines flachen Rechtecks hat, passen würde.

Dem folgenden Metallelement würden Natursteine und Metallkonstruktionen als Baumaterial entsprechen. Das Metallelement läßt sich auch durch einen weißen Außenanstrich ausdrücken.

Achten Sie bei Ihrer Feng-Shui-Untersuchung darauf, ob und in welcher Art (Farbe, Form usw.) die Fünf Elemente innerhalb und in der Nachbarschaft der Wohnung repräsentiert sind. Für die Zuordnung ist die Form wichtiger als das Material. Sie werden dominante und schwach ausgeprägte Elemente erkennen. Folgende Konstellationen bereiten Probleme:

Probleme

- Die Elemente befinden sich in einem Ungleichgewicht, bedingt durch die starke Dominanz eines einzigen Elements.
- Entsprechend können bestimmte Elemente ein zu großes Defizit haben.

- Das persönliche Element des Bewohners ist zu stark ausgeprägt. Es wird durch die Elemente des Wohnbereichs nicht ausgeglichen oder durch die Dominanz des gleichen Elements mit negativen Folgen noch verstärkt. Ein überaktiver Feuermensch findet zum Beispiel auch zu Hause keine Ruhe, wenn dort rote Dekorationen und spitze Formen dominieren.
- Die dominierenden Elemente eines Raums stehen mit dem persönlichen Element im Konflikt. Metallschränke in einem Büro würden zum Beispiel einem Holz-Angestellten das Leben schwermachen.

Wie Sie die Elemente einsetzen

Folgende Maßnahmen können Sie bei Defiziten eines Elements ergreifen:

- Steigerung der Präsenz des betreffenden Elements. Ist zum Beispiel das Wasserelement zu schwach, sollten Sie ein Aquarium aufstellen.
- Schwächen Sie die zerstörenden und kontrollierenden Elemente, zum Beispiel Holz und Erde im Fall des schwachen Wasserelements, indem Sie die Braun- und Grüntöne reduzieren.
- Sie können einen Ausgleich schaffen, indem Sie die unterstützenden Elemente vermehren. Metall nährt Wasser: hängen Sie ein Windspiel aus Metall auf.

Umgekehrt zielen entsprechende Maßnahmen darauf, das zu große Potential eines Elements zu reduzieren oder zu neutralisieren:

- Entfernen Sie Gegenstände, die das dominante Element repräsentieren, im Fall einer Feuerdominanz zum Beispiel Bilder mit starken Rottönen.
- Stärken Sie das kontrollierende Element.
- Das dominierende Element wird schwächer, wenn das nächste Element im Zyklus der Schöpfung vermehrt wird, weil überschüssige Energie zu diesem fließt.

Die acht Trigramme und das Ba-Gua-Schema

Das Ba Gua dient als Raster, das bei Feng-Shui-Untersuchungen häufig verwendet wird. Es ist ein Achteck (Oktagon), dessen Seiten beziehungsweise Sektoren Trigramme zugeordnet sind. Sie stellen alle Aspekte der Natur (Himmel, Erde, Feuer, Wasser, Berg, See, Wind, Donner) und die elementaren Erscheinungen (Gefühle, physikalische Prozesse usw.) dar. Sie typisieren auch die acht Lebensaspekte (Familie, Ehe, Karriere usw.) bezüglich ihrer energetischen Qualitäten.

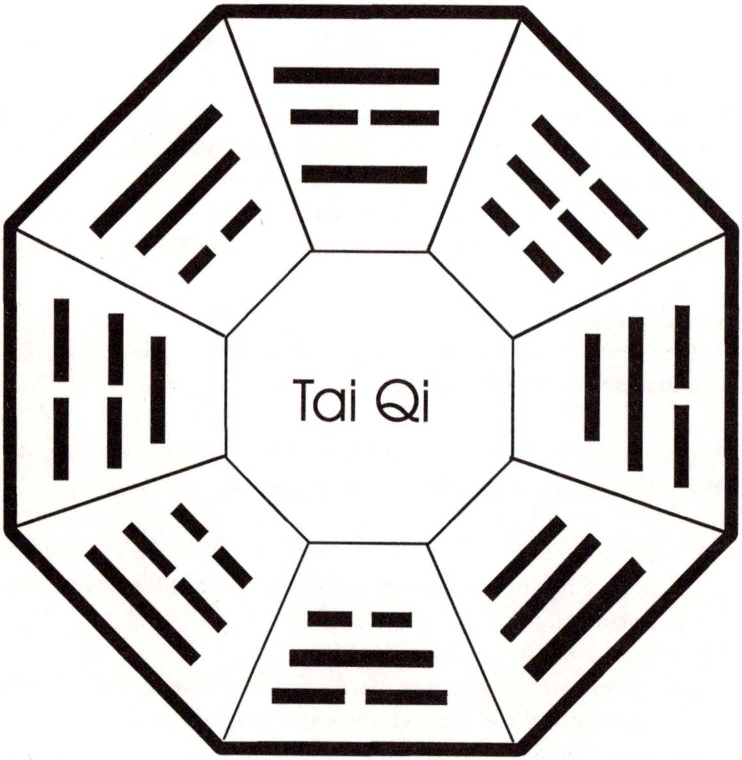

Das Oktagramm (Ba Gua) mit den acht Trigrammen.

Die Trigramme sind kodierte Zeichen, die aus drei durchgezogenen beziehungsweise unterbrochenen Strichen oder Balken bestehen. Sie stehen für Yang (—) und Yin (–) und werden bei jedem Trigramm auf unterschiedliche Weise kombiniert (Zum Beispiel: Yang - Yang - Yin; Yang - Yin - Yin, Yin - Yang - Yin usw.).

Trigramme

Die verschiedenen Kombinationen in den Trigrammen stellen die Wechselbeziehungen von Yin und Yang für bestimmte Lebensbereiche dar und damit deren Energiequalität und Entwicklungsmöglichkeiten.

Die Trigramme entstammen dem I Ging, dem uralten Buch der Wandlungen. In diesem Werk werden Hexagramme - sechsfache Kombinationen von Yin und Yang, das bedeutet, je zwei zusammengesetzte Trigramme - interpretiert, um Wandlungsmöglichkeiten zu erkennen und Vorhersagen zu treffen.

Die acht Trigramme und ihre Assoziationen

Himmels-richtung	Zeichen	Name	Element	Farbe	Lebens-bereich
N	☵	Kan	Wasser	Schwarz	Karriere
NO	☶	Gen	Erde	Blau Schwarz Grün	Wissen
O	☳	Zhen	Holz	Grün	Familie
SO	☴	Xun	Holz	Blau Purpur	Reichtum
S	☲	Li	Feuer	Rot	Ruhm
SW	☷	Kun	Erde	Rot, Rosa, Weiß	Partner-schaft/Ehe
W	☱	Dui	Metall	Weiß	Kinder
NW	☰	Qian	Metall	Weiß Grau Schwarz	Hilfreiche Freunde

Den acht Trigrammen wird eine Reihe von Merkmalen zugeordnet, die in folgender Übersicht wiedergegeben werden. Außer den genannten Kennzeichen gibt es Entsprechungen für die Jahreszeiten, familiären Beziehungen und Körperteile beziehungsweise Organe des Menschen.

Anwendung

Der Anwendung des Ba Gua liegt die Erfahrung zugrunde, daß alle Zonen einer Wohnung eine besondere Wirkung und Bedeutung besitzen. Sie haben Einfluß auf die jeweiligen Lebensbereiche der Bewohner. Danach hängen zum Beispiel Erfolg im Beruf, Höhe des Einkommens und Harmonie in der Ehe von der Form und Gestaltung der entsprechenden Wohnräume ab.

Das Ba Gua zeigt, wo jeder Bereich des Lebens in der Wohnung oder im Raum angesiedelt ist. So können Sie die entsprechenden Stellen auf Mängel untersuchen, um z. B. eine Erklärung für Ihre beruflichen Probleme zu finden.

Lageplan der Lebensbereiche

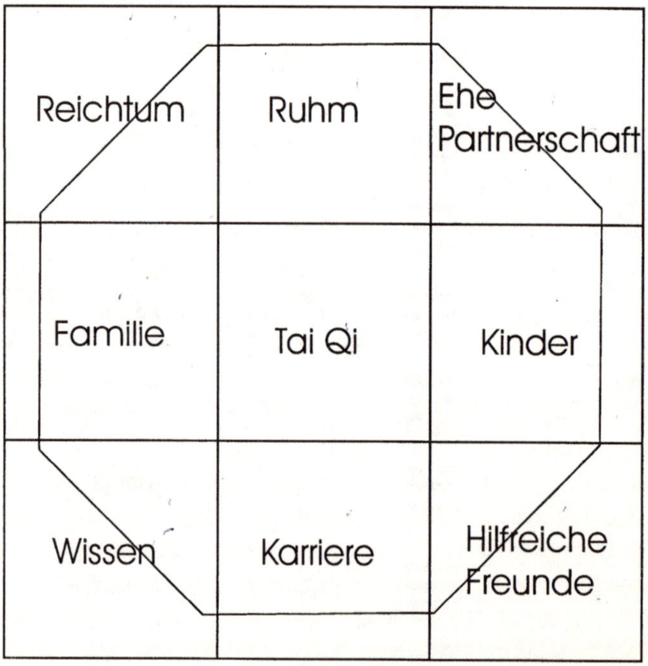

Das Ba-Gua-Raster für die Untersuchung von Grundrissen.

Übertragen Sie das Oktagramm auf ein Quadrat, das in neun gleich große Felder eingeteilt ist. So erhalten Sie ein Raster, das auf Grundrisse von Grundstücken, Wohnungen, Räumen und Schreibtischen gelegt werden kann. Den äußeren Feldern sind die Trigramme oder Lebensbereiche zugeordnet; in der Mitte befindet sich das Zentrum, das Tai Qi.

Für die Feng-Shui-Untersuchung benötigen Sie einen maßstabsgetreuen Grundriß Ihrer Wohnung. Machen Sie eine Fotokopie des entsprechenden Teils des Bauplans, oder messen Sie die Räume selbst aus, um den Grundriß zu Papier zu bringen.

Zeichnen Sie das Raster der neun Felder nun auf ein Transparentpapier. Es kann in Länge oder Breite dem zu untersuchenden Grundriß angepaßt werden. Das Raster muß also nicht unbedingt quadratisch sein; wichtig ist, daß die Felder alle die gleiche Größe haben.

Auflegen des Rasters

In der traditionellen Feng-Shui-Methode wird das Ba-Gua-Raster nach den Himmelsrichtungen ausgerichtet. In unserem modernen Ansatz bildet der Haupteingang den Orientierungspunkt, weil er die Öffnung für das eintretende Qi ist. Es kann sich um eine Gartentür (bei Grundstücksuntersuchungen), eine Haustür oder auch eine Zimmertür handeln. Bei mehreren Türen müssen Sie entscheiden, welche Tür tatsächlich als Haupteingang am häufigsten von Ihnen benutzt wird. Das kann auch eine Tür auf der Rückseite Ihres Hauses sein.

Grundlinie

Die Grundlinie des Rasters wird von den Feldern „Wissen“, „Karriere“ und „Hilfreiche Freunde“ gebildet. Wir legen die Grundlinie an der Seite des Grundstücks, Gebäudes oder Zimmers an, an der sich die Tür befindet. Je nachdem, ob sie sich links, in der Mitte oder rechts befindet, führt der Eingang dann in den Lebensbereich „Wissen“, „Karriere“ oder „Hilfreiche Freunde“.

Ist die Eingangstür zurückgesetzt, wird die Grundlinie des Rasters parallel zur äußeren Linie des Grundrisses verschoben. Wenn sich die Tür an einer abgeschnittenen Ecke befindet, kommt es darauf an, zu welcher Seite sich die Tür öffnet. Öffnet sie sich nach links, wird das Raster auf der Grundrißseite links von der Tür angelegt, sonst auf der rechten Seite.

Orientierung des Ba-Gua-Rasters an der Eingangstür.

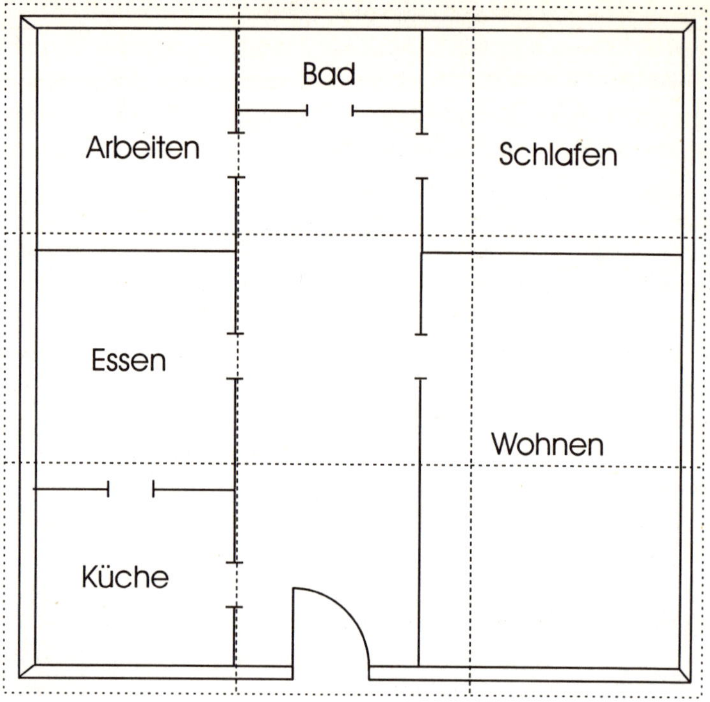

Wenn sich die Wohnung über zwei oder mehr Geschosse erstreckt, gilt für jede Ebene ein eigenes Ba-Gua-Raster. In den Obergeschossen legen Sie die Grundlinie an der obersten Stufe der Treppe an.

Teilen sich zwei Haushalte eine Wohnung, müssen die zugeordneten Teile getrennt voneinander betrachtet werden.

Fehlbereiche und Zusatzflächen

Es wird unter Aspekten des Feng Shui empfohlen, den Grundriß eines Hauses oder einer Wohnung möglichst symmetrisch und ausgewogen zu gestalten. Viele Grundrisse weichen von der günstigen Form eines (nicht zu schmalen) Rechtecks ab, weil Teile fehlen oder darüber hinausragen. Beim Beispiel des zurückgesetzten Eingangs fehlt der Bereich „Hilfreiche Freunde“. Feng-Shui-Berater sprechen in diesen Fällen von Fehlbereichen oder Zusatzflächen, bei denen unbewohnte Anbauten wie Schuppen nicht berücksichtigt werden.

Kleine Zusatzflächen wirken sich günstig aus, weil sie die Qualitäten des benachbarten Rasterfelds verstärken. Fehlbereiche bedeuten Defizite in einem oder in mehreren Lebensbereichen und müssen ausgeglichen werden. Ein unausgewogener Grundriß führt dazu, daß wir bestimmte Lebensbereiche nicht ausreichend wahrnehmen und entsprechende Entwicklungsmöglichkeiten nicht nutzen können.

Das Problem der Fehlbereiche erklärt auch, warum L-förmige, U-förmige und andere außergewöhnliche Grundrisse von Wohnungen eine ungünstige Wirkung haben.

Ausgleichen der Fehlbereiche

Außenbereich

Bei einem freistehenden Einfamilienhaus liegt der Fehlbereich in der Regel in einem Teil des Gartens, auf der Terrasse oder den Zuwegen. Sie können dann im Außenbereich einen Ausgleich schaffen, indem

Regel

Zusatzflächen, die über die das Rechteck des Grundrisses hinausragen, sind Verstärkungen eines Lebensbereichs, wenn sie kleiner sind als die halbe Breite und Länge des Rechtecks. Sind sie größer, werden sie in das Rechteck einbezogen. Dabei bilden sich ungünstige Fehlbereiche. Die Regel wird in der folgenden Abbildung verdeutlicht:

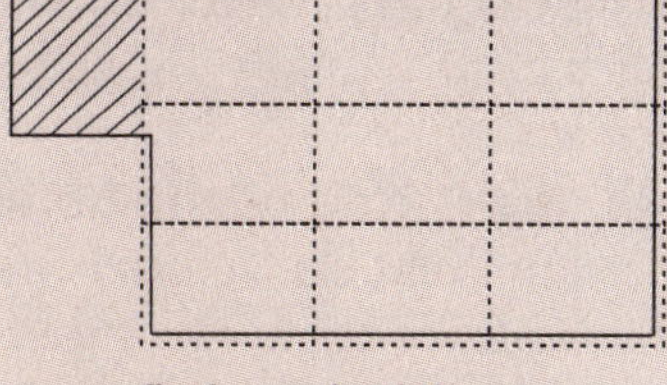

Zusatzfläche und Fehlbereich.

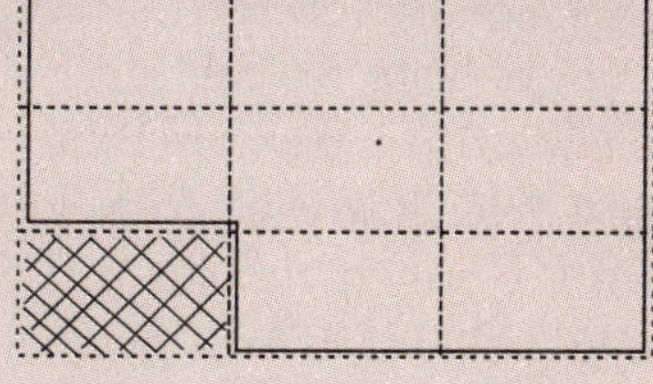

Eine Zusatzfläche verstärkt den Bereich „Reichtum“.

Die Zusatzfläche ist so groß, daß sie in das Raster einbezogen werden muß. Deshalb gibt es einen Fehlbereich im Lebensbereich „Wissen“.

Sie den fehlenden Eckpunkt des Grundrisses symbolisch markieren. Dafür eignen sich Rosenkugeln, Pflanzenkübel, Skulpturen, Laternen oder gepflanzte Büsche.

Innenbereich

Wenn Sie in einem Appartement oder Mehrfamilienhaus wohnen, sollten Sie ausgleichende Maßnahmen im Innenbereich vornehmen.

Bringen Sie einen Spiegel an der Wand an, hinter der sich der Fehlbereich befindet. Dadurch wird der Raum an dieser Stelle optisch vergrößert.

Anwendung

Das Ba-Gua-Raster kann sowohl auf den Grundriß der gesamten Wohnung als auch auf jeden einzelnen Raum angewendet werden. Weil sich somit alle Lebensbereiche in einem Zimmer wiederfinden, haben Sie die Möglichkeit, dort durch besondere Gestaltung der entsprechenden Ecke den Fehlbereich ersatzweise zu fördern.

Interpretation des Ba-Gua-Rasters

Wenn das Raster auf dem Wohnungsgrundriß liegt, erkennen Sie, welche Räume beziehungsweise Teile Ihrer Wohnung mit den acht Lebensbereichen in Verbindung stehen. Betrachten Sie die Nutzungen, Aktivitäten und Gestaltungen in den zugeordneten Räumen. Sie können Aufschluß darüber geben, wie wir mit den verschiedenen Themen umgehen und welchen Stellenwert wir ihnen geben.

Es folgt eine Übersicht, die die Bedeutung der einzelnen Lebensbereiche darstellt. Gehen Sie bei der Interpretation nicht zu schematisch vor. Welche Bereiche Sie auf welche Weise gestalten beziehungsweise hervorheben wollen, sollte von Ihrer persönlichen Zielsetzung abhängen. Probleme entstehen nicht zwangsläufig, wenn in einem Ba-Gua-Sektor ein Fehlbereich auftritt.

Karriere

Das Feld „Karriere“, teilweise auch „Reise“ genannt, repräsentiert Ihren Lebensweg, die Zukunftsperspektive und die Selbstverwirklichung im Beruf. Wer in diesem Bereich für Freiraum, eine angenehme Atmosphäre und Ordnung sorgt, schafft gut Voraussetzungen für seine persönliche Entwicklung und beruflichen Aktivitäten.

Wissen

Dieser Bereich wird auch mit Kontemplation, Lernen und Weisheit in Verbindung gebracht. Ein ruhiger Raum, eventuell mit Bibliothek und einer Skulptur ausgestattet, fördert bei den Bewohnern die Lernfähigkeit sowie die Reflexion über Fragen des Lebens und die Selbsterkenntnis.

Familie

Das Thema dieses Bereiches ist das Familienleben, aber auch die Beziehung zu anderen Gruppen, Gemeinschaften und zur Gesellschaft insgesamt. Konflikte mit Kollegen am Arbeitsplatz oder Spannungen in der Familie können sich in der vernachlässigten Gestaltung oder in einem Fehlbereich des mittleren Ba-Gua-Feldes auf der linken Seite zeigen.

Reichtum

Dieser Bereich wird auch mit Wohlstand und glückbringenden Segnungen in Verbindung gebracht. Er beinhaltet nicht nur Ihre finanzielle Situation, sondern auch Ihre Fähigkeit, die Glücksmomente des alltäglichen Lebens wahrzunehmen.

Ruhm

Dieser Lebensbereich repräsentiert unseren persönlichen Erfolg, Ansehen und innere Reife. Das Vorhandensein und die freundliche Gestaltung dieser Zone in der Wohnung ist Voraussetzung für Ausdrucksfähigkeit und positive Wirkung auf Mitmenschen.

Partnerschaft, Ehe

Rechts hinten im Raster liegt die Partnerschaftsecke. Sie hat Bedeutung vor allem für eine glückliche Ehe und auch andere enge Beziehungen. Die Gestaltung des entsprechenden Raums sollte positive, partnerschaftliche Emotionen fördern.

Kinder

Diese Zone bezieht sich auf die Kinder der Familie. Damit verbunden sind Kreativität, Lebendigkeit und neue Ideen. Hier können auch unsere „geistigen Kinder" angesiedelt sein.

Hilfreiche Freunde

Das Thema sind die guten Beziehungen zu anderen Menschen und die günstigen Voraussetzungen für Geben und Nehmen. Wenn dieser Bereich bei Ihnen gut entwickelt ist, wissen Sie die Unterstützung guter Freunde zu schätzen und tun auch etwas dafür. Der Austausch von Informationen und die Kommunikation werden gefördert.

Tai Qi – das Zentrum

Tai Qi stellt den Mittelpunkt unserer Wohnung dar, an dem die Einheit und Harmonie der Lebensbereiche zum Tragen kommen. Das Zentrum ist wichtig für unsere Selbstfindung sowie die Gesundheit, die auf Zufriedenheit und einer bewußten Lebensführung beruht. Hier sollte die Qi-Energie frei fließen können. Es ist problematisch, wenn das Zentrum durch Mauern, Schächte oder Treppen verbaut ist. In diesem Fall sollten Sie ersatzweise die Mittelpunkte von zwei anderen Zimmern durch Hilfsmittel aktivieren.

Richtige Wahl und Plazierung der Accessoires

Negative Feng-Shui-Situationen und energetische Problembereiche können Sie mit dem Einsatz von verschiedenen Hilfsmitteln beheben. Es ist meist nicht erforderlich, Häuser oder Wohnungen umzubauen.

Diese Hilfsmittel sind Gegenstände und Symbole, die Ihre Wohnung gleichzeitig dekorieren. Sie haben jeweils eine spezielle Wirkung und beeinflussen den Energiefluß in der Wohnung günstig, indem sie ihn verstärken, abschwächen bzw. umleiten oder negative Einflüsse abwehren. Sie sind auch für die Gestaltung der acht Sektoren des Ba Gua von Bedeutung, wenn Sie einen Lebensbereich besonders unterstützen wollen.

Die genaue Plazierung der Wohnaccessoires ist wichtig für einen möglichst großen Effekt. Die spezielleren Hilfsmittel erhalten Sie in Fachgeschäften, die Feng-Shui-Artikel anbieten (siehe Adreßteil im Anhang).

Paravents

Trennwände, Wandschirme oder sogenannte Spanische Wände schützen und schirmen gleichzeitig ab. Dadurch wehren sie negative Einflüsse ab, zum Beispiel wenn sie neben dem Bett stehen. Hinter dem Bürostuhl geben sie Rückendeckung. Wenn ein Paravent zwischen Fenster und Tür steht, wird mehr Energie im Raum gehalten.

Anwendung

Stellen Sie den Paravent quer zur Linie der Sha-Pfeile.

Spiegel

Diese Hilfsmittel müssen Sie mit Bedacht verwenden, da sie nützlich, aber auch schädlich sein können. Spiegel können durch ihre Reflexion Pfeile ablenken, das heißt negative Energie umleiten.

Beschleunigung oder Reflexion

Mit Hilfe eines Spiegels kann man Qi beschleunigen oder in Bereiche lenken, die mit Qi „unterversorgt“ sind, z. B. Räume in oberen Stockwerken. Spiegel sind gut geeignet für die Stimulierung von langweiligen Raumecken, in die kaum Energie gelangt. In bestimmten Situationen allerdings absorbieren Spiegel unsere Energie, z. B. im Schlafzimmer, wenn wir uns darin sehen können. Die Beschleunigung des Qi durch Reflexion stört in den Bereichen, in denen wir Ruhe suchen. Eine Besonderheit sind die kleinen, fünf bis acht Zentimeter breiten Ba-Gua-Spiegel, die als Schutzsymbol gelten. Sie haben eine achteckige Form. An den Seiten sind die acht Trigramme angebracht. Die Ba-Gua-Spiegel sollen das Eindringen negativer Energien verhindern und Qi-Energie anziehen. Hilfreich sind doppelseitige Spiegel. Wenn man sie an das Fenster hängt, erfüllen sie beide Funktionen gleichzeitig. In Asien werden die Achteckspiegel oft über der Eingangstür angebracht, um Sha-Pfeile abzuwehren, die von Masten, Häuserecken usw. ausgehen können.

Ba-Gua-Spiegel

Anwendung

Spiegel werden in Augenhöhe beziehungsweise in halber Höhe der Fenster angebracht.

Wasser

Wasser ist die wichtigste Voraussetzung für unsere Existenz. Frisches und reines Wasser hat also große Bedeutung für unsere körperliche und emotionale Gesundheit.

Aquarien, Wasserbecken, kleine Wasserspiele, an der richtigen Stelle plaziert, bieten sich als effektive Hilfsmittel an, die unser Wohlbefinden steigern. Sprudelnde Wassersäulen sind ein besonders dynamisches Wasserelement und spenden vitales Qi. Das sprudelnde Wasser eines Zimmerbrunnens zieht die Qi-Energie wie ein Magnet an, so daß das Zimmer mit positiver Energie aufgeladen wird. Zim-

Zimmerbrunnen mit Pflanze

merbrunnen sollen den Wohlstand fördern, wenn sie in der Reichtumsecke stehen. In der Geschäftswelt bringt ein kleiner Springbrunnen das Qi in Schwingungen und die Geldquellen eines Unternehmens zum Sprudeln.

Stellen Sie Zimmerbrunnen vor allem in Raumecken abseits des Qi-Flusses, weil das niedrige Energieniveau, das hier besteht, angehoben werden soll. Der Abstand zum nächsten Fenster sollte 2 m betragen. Wasser-Hilfsmittel sollten nicht in der Nähe von Objekten stehen, die zum Feuer-Element gehören.

Wasserfall-Bilder

Bilder von Wasser in starker Bewegung (Meeresbrandung, Wasserfälle) aktivieren das Qi beziehungsweise die Raumenergie und geben einen Yang-Impuls.

Die Raumenergie kann je nach Größe und Motiv um bis zu 90 Prozent gesteigert werden! Die Richtung des fließenden Wassers sollte vom Poster in den Raum zielen. Um das Fließen visuell nicht aufzuhalten, sollten Sie das Bild nicht einrahmen. Wasserfall-Poster können auch den Geldfluß symbolisieren und sich auf den Wohlstand auswirken.

Anwendung

Wasserfall-Darstellungen eignen sich für alle Bereiche der Wohnung, die eine Aktivierung der Qi-Energie gebrauchen können.

Wohlstandskugeln

Sie bestehen aus zwölf Geldstücken, die mit einem roten Band in Kugelform zusammengeknüpft sind. Ursprünglich wurden alte chinesische Münzen verwendet. Die Wohlstandskugel fördert die Wohlstandsenergie.

Hängen Sie sie in den Lebensbereich „Reichtum" des Ba-Gua-Rasters unter die Decke. Besonders günstig ist eine Position 20 cm vor der Reichtumsecke des entsprechenden Raums.

Anwendung

Bambusflöten

Will man zusätzliche Energie in einen Raum lenken, kann man Bambusflöten einsetzen, weil sie wie Luftkanäle für das Qi wirken. Zwei Flöten, die man über ein Bett hängt, spenden Kraft, wenn die Mundstücke, durch die die Energie hereinströmt, nach oben zeigen. Auf gleiche Weise über der Tür angebracht, halten sie negative Energien am Eingang ab. Denn nach chinesischer Auffassung meiden negative Kräfte Flötentöne. Unter starken Dachschrägen können Flöten die nach oben abziehende Energie wieder ins Haus leiten.

Hängen Sie zwei Flöten in einem Winkel von 45 Grad zueinander über Ihr Bett oder über die Tür. Bei Dachwohnungen werden sie auf jeder Seite unter der Schräge befestigt und zeigen mit dem Mundstück zum First.

Anwendung

Windklangspiele

Windklangspiele erzeugen harmonische, beruhigende Heilklänge, wenn sie ein leichter Luftzug in Bewegung setzt. An bestimmten Stellen der Wohnung aufgehängt, vorzugsweise vor dem Fenster, verhindern sie, daß Qi-Energie entweicht oder zu schnell durch die Wohnung fließt. Außerdem verteilen und bewegen Klangspiele die Energie in den Räumen. Unerwünschte Wirkungen ergeben sich, wenn Klangspiele vor oder hinter einer Tür hängen, weil sie das Qi dann daran hindern, in den Raum zu fließen. Klangspiele mit Röhrenstäben oder Massivstäben aus Metall werten einen Raum energetisch auf. Hölzerne Klangspiele werden vor allem im Außenbereich eingesetzt. Hören Sie sich vor dem Kauf mehrere Klangspiele an, um den für Sie angenehmsten Ton festzustellen.

Anwendung

Hängen Sie Klangspiele an den Stellen auf, an denen der Qi-Strom umgelenkt, gebremst oder am Abfließen gehindert werden soll. In Stagnationsbereichen aktivieren Sie die Qi-Energie.

Mobiles

Mit Mobiles bringen Sie harmonische Bewegung in Räume mit schwachem Qi. Sie haben einen Vitalisierungseffekt. Schon beim Vorbeigehen kommen sie leicht in Bewegung, so daß das Qi angeregt wird. Das lange, sanfte Nachschwingen der einzelnen Teile des Mobiles vermittelt eine angenehme, beruhigende Dynamik.

Anwendung

Hängen Sie Mobiles in Stagnationsbereichen auf.

Fächer

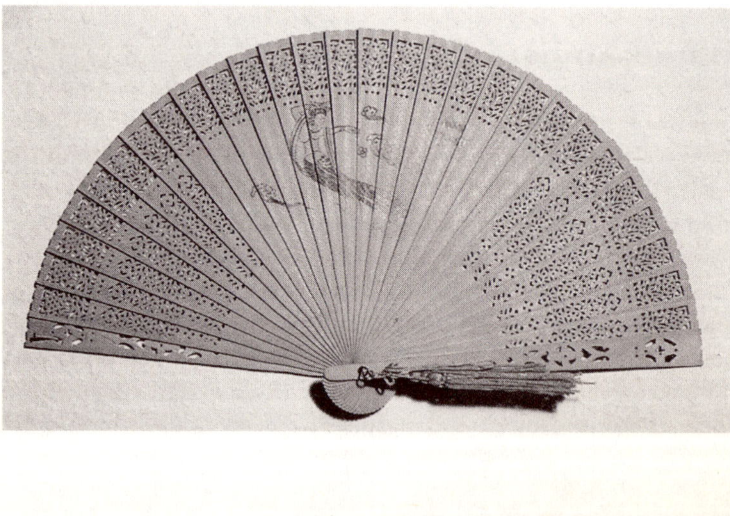

Mit einem an der Wand angebrachten Fächer verschönern Sie nicht nur Ihre Wohnung, sondern Sie können damit auch positive Energie erzeugen und vor allem günstiger verteilen. Ein waagerecht angebrachter Fächer kann den Qi-Fluß durch lange Flure und Treppenhäuser leiten; die geöffnete Seite bestimmt die Richtung.

Salzkristall-Lampen

Für diese Lampen wird über 200 Millionen Jahre altes kristallines Steinsalz verwendet. Die Lichtquelle wird in einen Stein eingesetzt, durch den leicht gefärbtes, weiches Licht dringt. Die gelbliche Färbung ist bei jedem Kristall verschieden.

Neutralisierung

Die Lampen erzeugen Ionen mit negativer Ladung, die die ermüdende positive Aufladung der Raumluft, die durch Elektrogeräte, Rauch und Schmutz entsteht, neutralisiert. Die Luft wird dadurch sauber und frisch. Es entstehen wohltuende bioenergetische Schwingungen, die die Salzkristalle abgeben. Auch die Wellen des gelb-orangefarbenen Lichts haben einen positiven Effekt auf unser feinstoffliches Energiesystem.

Bleikristallkugeln

Energie-Reflexion

Bleikristallkugeln besitzen reflektierende, gebrochene Oberflächen. Ihre Anwendungsmöglichkeiten, sind vielseitig, denn sie reflektieren sowohl positive als auch negative Energie. Die verschiedenen Winkel der vielen Oberflächen führen zu einer breiten Streuung der Qi-Energie. Wenn Sie Bleikristallkugeln vor das Fenster hängen, reflektieren sie einen Teil der abfließenden Energie in den Raum zurück.

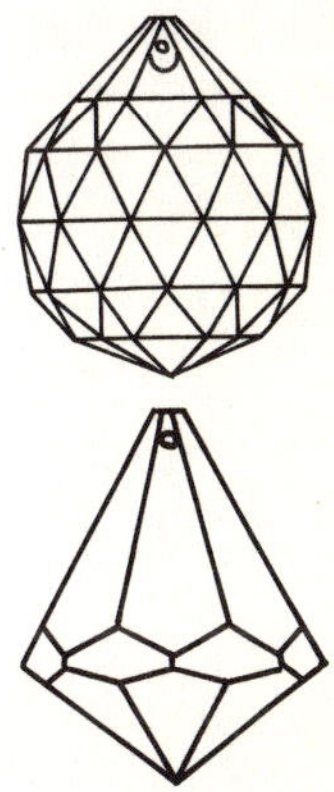

Innerhalb des Raums können sie entweder die Sha-Pfeile scharfer Kanten oder Spitzen brechen oder auch für eine gute Verteilung der Energie sorgen. Die Größe und Form der Bleikristallkugel wählen Sie entsprechend der Energiemenge, die absorbiert oder reflektiert werden soll. Gebräuchlich sind Kreiseltropfen im Durchmesser von 20 mm bis 50 mm und Kugeln im Durchmesser von 20 mm bis 100 mm. Reinigen Sie die Oberflächen der Kristalle regelmäßig, damit sie ihre Wirkung behalten.

Kristalle

Unbearbeitete Quarzkristalle verbessern die Raumatmosphäre. Als Raumdekoration sind sie dem Element Erde zuzuordnen.

Anwendung

Plazieren Sie einzelne Quarzkristalle als dekorative Elemente auf dem Schreibtisch, Fensterbrett, im Regal oder in Ihrem Wohnzimmerschrank.

Energiekarten

Energie- oder Qi-Karten haben die Größe einer schmalen Spielkarte. Feng-Shui-Experten setzen sie ein, um negative Energien und Einflüsse von Störfeldern zu neutralisieren. Sie sind mit Quarzstaub besetzt und enthalten Informationen über Nordpol/Südpol, Magnetfeld und Energiefeld. Diese Karten werden an strategischen Punkten auf den Boden gelegt und mit einem Backstein bedeckt.

Ausführungen

Es gibt verschiedene Ausführungen der Qi-Karten für die Neutralisierung folgender Störungen: Elektrosmog, Energiefelder von Wasserrohren, elektromagnetische Felder und geopathische Störungen (u. a. Wasseradern).

Doppelhelix

Diese Doppelspiralen, die u. a. aus Messing hergestellt werden, repräsentieren eine der wichtigsten Strukturen der Biologie. Sie sehen aus wie die DNS-Spiralen, die Grundbausteine des Lebens, die die Erbinformationen in sich tragen.

Die Doppelhelix steigert das Energieniveau in der Wohnung. An der Stelle, an der sie hängt, bewirkt sie vertikale Zufuhr an Lebensenergie. Ihr senkrechter Strahl verbindet Himmel und Erde, so daß ein universeller Austausch stattfindet. Die gegenläufige Bewegung der beiden Spiralen beim Drehen zeigt die Austauschwirkung und den verknüpfenden Effekt.

Die Doppelhelix eignet sich sehr gut, zwei Bereiche einer Wohnung miteinander zu verbinden. Ein erstaunlich vitalisierender Effekt ergibt sich, wenn Sie eine solche Doppelspirale über einer Pflanze aufhängen.

Pflanzen

Als lebende Objekte haben Pflanzen eine besondere Bedeutung unter den Hilfsmitteln. Durch ihre Stoffwechselprozesse sorgen sie für saubere Luft. Viele Pflanzen funktionieren auch als Filter für Schadstoffe. Die Gerbera und die Chrysantheme haben sich als Formaldehyd-Verbraucher erwiesen. Und der Drachenbaum und die Arecapalme machen Lösungsmittel unschädlich.

Die Zimmerpflanzen haben ein eigenes energetisches Feld. Dadurch steigern sie die Qi-Menge im Raum und können gleichzeitig als Schutzschild gegen negative Sha-Energie wirken.

Die Zimmerpflanzen werden aufgrund ihres Aussehens den Fünf Elementen zugeordnet: hochstrebende Pflanzen sind „Holz", blühende „Feuer", nach unten hängende „Erde", spitze und nadelige „Metall", rankende Pflanzen wie zum Beispiel Efeu „Wasser".

Feng-Shui-Experten raten von spitzblättrigen Zimmerpflanzen wie Yuccapalmen, Rosen und Kakteen ab. Ihre spitzen Blätter oder Stachel wirken wie Pfeile, wenn sie in der Nähe von Sitz- und Schlafplätzen stehen.

Anwendung

Stellen Sie die Pflanzen vor scharfe Ecken und Kanten. Blühende Pflanzen erhöhen die Raumenergie um das Mehrfache. Die spezielle Wirkung der Pflanzen hängt von ihrer Struktur und der Form ihrer Blätter ab. Die spitzen, aufstrebenden Blätter eines Drachenbaums geben einer Wohnsituation einen Yang-Impuls. Pflanzen mit runden, hängenden Blättern können wir als Yin-Faktoren einsetzen.

Symbole

Ein kleiner Baum aus massivem Holz bringt ein Stück Natur in das Haus und verkörpert positive Eigenschaften wie Langlebigkeit und Standhaftigkeit. Stellen Sie ihn auf Ihren Schreibtisch oder in das Bücherregal.

Viele Objekte in unserer Wohnung und am Arbeitsplatz können als Symbole wirken. Es kommt entscheidend darauf an, welche persönliche Bedeutung der entsprechende Gegenstand für uns hat, auch wenn uns dies oft nicht bewußt ist. Wir sollten uns aber der Symbolik, die die Dinge, die uns täglich umgeben, für uns selbst beinhalten, bewußt werden. Symbole wirken wie Verkehrsschilder des Unbewußten.

Um uns herum benötigen wir positive Symbole, die Energie geben.

In der traditionellen Feng-Shui-Lehre ist der chinesische Drache das Schlüsselsymbol, das die größte Kraft gibt. Dieses Zeichen können wir natürlich nicht auf die Verhältnisse unserer westlichen Welt übertragen. Wir müssen unbedingt darauf achten, ob bestimmte Symbole und Hilfsmittel in das kulturelle Umfeld passen. Einige in China übliche Praktiken können nicht auf andere Länder übertragen werden. Das Drachensymbol hat bei uns eine eher negative Bedeutung und wird mit Angst und Schrecken in Verbindung gebracht.

Jeder sollte versuchen, seinen Wohn- und Arbeitsraum kreativ mit eigenen Symbolen auszustatten. Ein beliebtes Motiv sind Delphine als Verkörperung des Lebensglücks. Eine Darstellung von zwei Delphinen eignet sich sehr gut für die harmonische Gestaltung der Partnerschaftsecke.

Delphine verkörpern das Lebensglück.

Viele andere Objekte können Sie als Feng-Shui-Hilfsmittel einsetzen, wenn diese für Sie eine persönliche Bedeutung haben. Der große Kieselstein, der am Ostseestrand gefunden wurde, erinnert vielleicht an einen gkücklichen Tag am Meer. Diese positive Erinnerung kann Ihnen immer wieder neue Energie geben.

Ein Windrad im Garten verteilt die Qi-Energie

Rosenkugeln

Diese Dekorationsstücke für den Vorgarten sind in den letzten Jahren sehr beliebt geworden. Rosenkugeln, die Sie vor dem Hauseingang aufstellen, können Sha-Pfeile aus der Umgebung abwehren. Die runde, reflektierende Oberfläche hat den Vorteil, daß die negative Energie in alle Richtungen zerstreut wird. So werden Nachbarn nicht direkt attackiert.

Windräder

Windräder sind Hilfsmittel für den Außenbereich. Sie sollen mehr Dynamik in den Garten bringen, sich aber auch positiv auf Ihre Finanzen auswirken.

Die richtige Standortwahl

Richtige Planung

Wer von Anfang an in einem vitalen Eigenheim wohnen möchte, sollte versuchen, schon in der Planungsphase die Regeln des Feng Shui konsequent anzuwenden. Spätere Korrekturen und Umbauten sind oft schwierig durchzuführen und können hohe Kosten verursachen. Die Kriterien des Feng Shui sind auch hilfreich, wenn Sie eine gebrauchte Immobilie erwerben möchten.

Mängel vermeiden

Die fertigen Reihenhäuser und die angebotenen Einfamilienhausprogramme werden in der Regel ohne die Beratung von Feng-Shui-Experten erstellt, so daß Sie hier Kompromisse eingehen müssen. Feng Shui bietet Ihnen aber auch viele Maßnahmen, um ungünstige Situationen auszugleichen. Bei der Kaufentscheidung sollten Sie Aspekte des Feng Shui berücksichtigen oder einen Berater konsultieren, damit Sie schwerwiegende Mängel rechtzeitig erkennen.

Sowohl bei der Neubauplanung als auch beim Kauf eines fertigen Hauses sollten Sie Ihre Aufmerksamkeit vor allem auf die Lage des Grundstücks richten. Die Umgebung hat starken Einfluß auf die Feng-Shui-Situation in den eigenen vier Wänden.

Das Grundstück und seine Umgebung

Wenn Sie ein Grundstück für Ihr Eigenheim suchen, sollten Sie auch auf Landschaftsformen achten. Ideal ist ein Standort, wenn das Gelände auf der Vorderseite leicht abfällt. Es sollte nicht zu steil, aber auch nicht zu flach sein. Sehr positiv wirkt sich die Ausrichtung auf ein Gewässer mit sauberem Wasser aus. Der Blick auf Wasserflächen, Flüsse, Seen und Meer verspricht Wohlstand.

Sehr ungünstig sind Grundstücke in Gipfellage. Hier herrschen häufig kräftige Winde und ein zu starker Energiestrom.

geographische Merkmale

Wenn Sie in der Umgebung des Grundstücks Landschaftsmerkmale entdecken, die an die Schildkröte, den Grünen Drachen und den Weißen Tiger erinnern, haben Sie ein günstige Lage gefunden. Als solche Symbole können Hügel oder Bäume interpretiert werden, die sich links und rechts vom Eingang befinden und Ihrem Haus auf der Rückseite Schutz bieten.

Obwohl Sonnenlicht erwünscht ist, sollte ein Grundstück nicht während des ganzen Tags in der Sonnenglut liegen. Auch zuviel Schatten, der etwa durch hohe Bäume in der Nachbarschaft oder durch Berge geworfen wird, ist ungünstig. Auch bei den Lichtverhältnissen im Außenbereich kommt es auf eine Balance von Yin und Yang an.

Welche Orte Sie meiden sollten

Ihr Grundstück sollte nicht in der Nähe von Überlandleitung, Transformatoren und Umspannwerken liegen, weil hier mit Elektrosmog-Gefahr zu rechnen ist. Bestimmte Gebäude und Einrichtungen belasten die Atmosphäre, weil sie an negative Erfahrungen wie Leid und Krankheit erinnern. Man sollte deshalb möglichst nicht in der Nachbarschaft von Friedhöfen, Krematorien, Gefängnissen, Krankenhäusern oder Polizeistationen wohnen.

Schauen Sie sich die Gebäude in der Umgebung des Grundstücks, das Sie bebauen möchten, genau an. Von ihrer Architektur könnten schädliche Sha-Pfeile ausgehen. Es ist besonders ungünstig, wenn Ecken und Kanten auf Ihre Eingangstür zielen.

Ist schneidendendes Qi auf Ihre Eingangstür oder eine Seite Ihres Hauses gerichtet, zum Beispiel durch Neubauten, sind folgende Maßnahmen hilfreich:

- Schutz durch Pflanzen einer dichten und hohen Hecke.
- Haustüren mit glänzendem Anstrich und Messingbeschlägen reflektieren die negative Energie.
- Konkaven Spiegel über der Tür aufhängen.

- kleine Ba-Gua-Spiegel oder Kristalle in die betroffenen Fenster hängen.

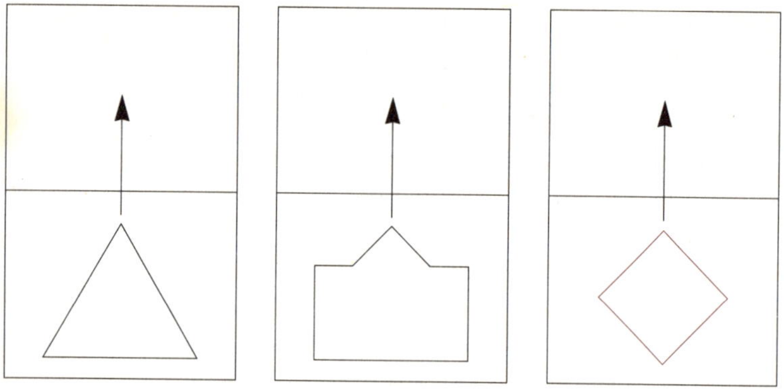

Beispiele für Sha-Angriffe durch benachbarte Gebäude auf ein Grundstück.

Hohe Gebäude der Nachbarschaft können Ihr Anwesen durch Schattenwurf beeinträchtigen. Beobachten Sie, zu welchen Tageszeiten das Grundstück im Schatten liegt.

Straßenführung

Beachten Sie auch die Straßenführung um Ihr Grundstück. Befestigte Straßen sind wegen ihrer harten, flachen Oberfläche (Yang-Impuls) und ihres häufig geraden Verlaufs Bahnen, auf denen der Qi-Fluß beschleunigt wird. Häuser am Ende einer Sackgasse oder an einer T-förmigen Kreuzung leiden unter einem zu starken Sha-Energiestrom, der sich negativ auf die Bewohner auswirkt. Sie verspüren häufig eine innere Unruhe und können sich nicht entspannen.

Maßnahmen

Häuser an einer T-förmigen Kreuzung schützt man mit einer mindestens zwei Meter hohen Mauer oder Hecke auf der Grundstücksgrenze. Außerdem wird ein konvexer Spiegel an der Außenseite der Tür angebracht, der auf die zulaufende Straße gerichtet ist.

Weitere ungünstige Straßensituationen bestehen für Grundstücke an der Außenseite von Kurven und in der Mitte von Gabelungen. Die Stärke des negativen Effekts hängt jeweils von der Stärke des Straßenverkehrs ab.

Baugrunduntersuchung

Bodenbelastungen

Eine wichtige Voraussetzung für gutes Feng Shui im Eigenheim ist ein störungsfreies Grundstück. Deshalb ist es zu empfehlen, daß Sie Ihren Bauplatz durch Radiästheten oder Pendler untersuchen lassen. Sie können Belastungen wie Erdstrahlen, natürliche Radioaktivität und Störungen durch Verwerfungen und Wasseradern feststellen, die sich negativ auf Ihre Gesundheit auswirken können.

Ein schwerwiegendes Problem sind Altlasten im Untergrund, die oft zu spät erkannt werden. Um unliebsame Überraschungen zu vermeiden, sollten Sie sich über ehemalige Nutzungen des Geländes informieren.

Oft treten gesundheitliche Spätfolgen auf, wenn ein Wohnhaus auf dem Gelände einer ehemaligen Mülldeponie oder Industriebrache errichtet wurde.

Die unverzichtbaren Grundstücksbesichtigungen sollten Sie an Werktagen vornehmen, weil Sie am Wochenende einen unrealistischen Eindruck von der Umwelt- und Lärmbelastung des Grundstücks bekommen.

Die Form Ihres Grundstücks

Vorgeschichte

Die Vorgeschichte kann ein Grundstück oder ein Haus, das Sie kaufen möchten, mit negativer Energie belasten. Erkundigen Sie sich nach unerfreulichen Ereignissen wie Gewalttaten und schweren Erkrankungen, die sich hier ereignet haben könnten.

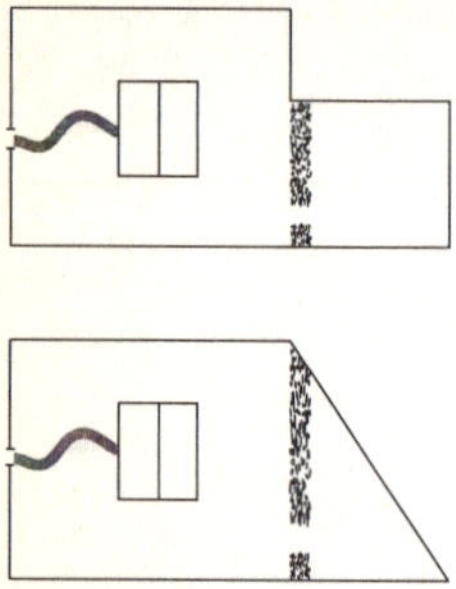

Ausgleich ungünstiger Grundstücksformen.

Auch der geometrischen Form des Grundstücks sollten Sie ausreichende Beachtung schenken. Die besten Voraussetzungen für eine gute, harmonische Qi-Versorgung bieten Ihnen komplette, kompakte Flächen. Wählen Sie deshalb möglichst rechteckige oder quadratische Grundstücke für Ihren Neubau. Rechtecke dürfen nicht zu lang und schmal sein. Unregelmäßige Formen, die durch schrägen Grenzverlauf entstehen, und fehlende Stücke wie bei U- und L-förmigen Flächen, bedingen Disharmonien. Dreiecksformen sind wegen der drei Spitzen immer mit Belastungen für das Leben auf dem Grundstück verbunden.

Maßnahmen

Wenn Ihr Haus auf einer unregelmäßigen Fläche steht oder stehen soll, können sie dem Hauptteil des Grundstücks einen rechteckigen Grundriß geben. Gleichen Sie die schräge Seite oder die fehlende Ecke durch einen Streifen aus dichtem Buschwerk, eine mindestens 2 m hohe Hecke oder eine hölzerne Spalierwand aus. In dem quasi abgetrennten Stück sollte sich die Bodennutzung von der des Hauptteils unterscheiden, zum Beispiel hier Gemüsebeete, dort Rasen.

Bei der Position des Hauses auf dem Grundstück kommt es auf eine ausgeglichene Aufteilung der Fläche an. Für die Plazierung des Gebäudes auf dem Grundstück eignet sich das Zentrum. Es sollte möglichst im mittleren Drittel liegen. Achten Sie bei der Planung vor allem auf einen ausreichend großen Abstand zur Straße.

Maßnahmen

Wenn das Haus abseits vom Zentrum liegt, sollte man die Balance auf dem Grundstück herstellen. Schaffen Sie ein Gegengewicht auf der entgegengesetzten Seite, indem Sie einen großen Stein aufstellen, ein Gartenhäuschen bauen oder einen Baum pflanzen.

Wege auf dem Grundstück

Der Fußweg zur Haustür und die Autoauffahrt sollten möglichst nicht gerade verlaufen, sondern in geschwungener Bahn, damit Qi-Energie gut fließen kann. Schmale Wege zum Haus stellen einen Engpaß für die Energiezufuhr und ein Hindernis für finanzielle Chancen dar.

Bäume sind ein bereicherndes Element von Grundstücken. Allerdings sollten sie nicht zu dicht am Haus stehen, um Schattenwurf auf das Wohngebäude zu vermeiden. Bäume auf der Rückseite des Hauses dienen als Wächter.

Die Planung des Gebäudes

Die Größe des Gebäudes sollte in einem vernünftigen Verhältnis zur Grundstücksfläche stehen. Wenn dies möglich ist, wird das Haus nicht mehr als 50 Prozent der Fläche bedecken.

Maßnahmen

Der Hausgrundriß

Planen Sie möglichst einen rechteckigen oder quadratischen Grundriß für Ihr Haus. Unregelmäßige Formen und fehlende Ecken schränken die Harmonie ein und können Ihnen außerdem gesundheitliche Probleme bescheren.

Bei fehlenden Ecken können Sie einen rechteckigen Grundriß symbolisch vervollständigen. Markieren Sie den fehlenden Eckpunkt durch eine Laterne, eine Skulptur oder große Pflanzen. Der ganze Fehlbereich kann dadurch in den Hausgrundriß einbezogen werden, indem Sie zum Beispiel eine Terrasse mit einer Fliesenoberfläche anlegen.

Maßnahmen

Starke Störungen der Harmonie treten bei Häusern mit U-förmigem Grundriß auf. Die Achse zwischen den beiden Flügeln teilt das Gebäude in zwei disharmonische Hälften.

Maßnahmen

Betonen Sie den mittleren, verbindenden Bauteil durch einen warmen und kräftigen Farbanstrich. Schaffen Sie eine visuelle Verbindung im Zwischenraum durch die Gestaltung der Oberfläche und durch eine helle nächtliche Beleuchtung.

Die Aufrißform

Vermeiden Sie bei der Neubauplanung zu steile und weit überstehende Dächer, die angreifende Kanten aufweisen und die Hausenergie nach unten drücken. Das Erdgeschoß wird energetisch geschwächt, wenn das Obergeschoß breiter ist und seitlich über die Grundmauer hinausragt.

Maßnahmen

Pflanzen Sie als symbolischen Ausgleich kleine Bäume auf der Umrißlinie des Obergeschosses. Sie können wahlweise auch Lampen an den entsprechenden Positionen aufstellen.

Zusammenhalt der Familie

Bei Einfamilienhäusern wirkt es sich ungünstig aus, wenn sich die Zimmer auf mehr als zwei Geschossen befinden, wie sie teilweise auf Hanggrundstücken geplant werden. Der Zusammenhalt der Räumlichkeiten und der Familie geht dadurch verloren.

Wenn man die Möglichkeit hat, sollte man es vermeiden, die Räume auf versetzte Ebenen zu verteilen. Ist eine entsprechende Gebäudesituation vorgegeben, darf das Wohnzimmer zumindest nicht höher liegen als Küche und Eßzimmer.

Die architektonische Gestaltung sollte innen und außen ausgeglichen und an die Umgebung angepaßt sein. Das Gebäude muß einen harmonischen Gesamteindruck machen. Nehmen Sie bei der Planung Rücksicht auf Ihre Nachbarn. Vermeiden Sie Dachkanten und Ecken, die Sha-Pfeile auf andere Häuser richten.

Der Haupteingang

Die günstigste Ausrichtung des Eingangs ist der Süden, weil auf dieser Seite mit der besten Qi-Versorgung zu rechnen ist. Die Hinwendung zur Sonne bringt Glück und Erfolg. Der Zugang des Energiestroms zum Haus sollte nicht durch eine Säule, die als architektonische Besonderheit in den Eingang gestellt wird, blockiert werden. Auch Bäume und Pfähle, die vor der Tür stehen, sind sehr ungünstig und haben eine hemmende und blockierende Wirkung.

Maßnahmen

Eine Möglichkeit, dieses Feng-Shui-Problem zu lösen, könnte darin bestehen, einen Nebeneingang zum Haupteingang umzufunktionieren. Denn welche Tür als Haupteingang wirkt, ergibt sich erst aus der tatsächlichen Nutzung.

Um das Eintreten der Lebenskraft Qi zu erleichtern, sollte sich die Haustür nach innen öffnen lassen.

Richtige Materialwahl und Farbgebung
Bei der Wahl der Baumaterialien und des Farbanstrichs sollten Sie sich nach den Regeln der Fünf Elemente richten.

Gute Raumanordnung und Raumgestaltung

Ausgeglichenheit der Räume

Wichtig ist eine ausgewogene Aufteilung der Räumlichkeiten. Die einzelnen Räume sollten nicht zu klein sein. Die Größe der Räume muß für die geplante Nutzung angemessen sein. Es herrscht schlechtes Feng Shui, wenn das Wohnzimmer eine sehr große Fläche beansprucht und die Schlafzimmer winzig klein sind.

Zimmer mit rechteckigem Grundriß sind günstiger als solche mit einer unregelmäßigen Form. L-förmige Räume bereiten Ihren Bewohnern oft Probleme. Vermeiden Sie bei der Grundrißplanung eines Neubaus verwinkelte Grundrisse und hervorspringende Ecken, damit keine geheimen Pfeile entstehen. Lange und gerade Flure sind ungünstig, weil sie die Qi-Energie zu stark beschleunigen. Vermeiden Sie bei der Neubauplanung zu lange Wege zwischen den einzelnen Wohnbereichen. Vorteilhaft ist eine gleichmäßige Anordnung um das Zentrum. Zerteilende Korridore in der Mitte des Grundrisses können zu Zwistigkeiten unter den Bewohnern des Hauses führen.

Treppen

Wirkung auf Qi

Treppen dienen der Überwindung des Höhenunterschieds zwischen Geschossen und sind oft ein architektonisches Gestaltungsmittel.

Zwischen den Geschossen fließt der größte Teil der Qi-Energie hauptsächlich über die Treppe. Gradläufige Treppen haben den Nachteil, daß sie den Fluß kanalisieren und zu stark beschleunigen können. In der Regel sind deshalb einviertel- oder halbgewendelte Anlagen oder Bogentreppen vorzuziehen. Zu enge Treppen hemmen den Qi-Fluß. Spindeltreppen verursachen negative Rotationen des Qi.

Achten Sie bei der Treppenplanung vor allem auf die Sicherheit. Die nutzbare Breite der Stufen muß mindestens 80 cm betragen. Steigungshöhe und Auftrittshöhe müssen ein bequemes Treppensteigen ermöglichen. Vermeiden Sie glatte Oberflächen auf den Stufen, die wenig Halt geben und außerdem das Qi beschleunigen können. Die einzelnen Stufen sollten miteinander verbunden sein. Sorgen Sie für eine gute Beleuchtung der Treppenstufen. Schlafzimmer sollten sich nicht in der Nähe von Treppen befinden, weil sie Aktivitätsbereiche darstellen. Unter den Gesichtspunkten des Feng Shui ist eine Treppe, die durch das Zentrum des Hauses führt, als ungünstig zu betrachten. Sie hat eine trennende Wirkung und bringt Gefahr für den Familienzusammenhalt mit sich. Problematisch ist eine Treppe, die sich direkt hinter dem Eingang befindet. Diese Position hat die Folge, daß zu viel Qi für das Erdgeschoß verloren geht.

Maßnahmen

Leiten Sie den hereinkommenden Qi-Fluß von der Treppe weg. Geeignet sind buschige Pflanzen, ein Klangspiel oder eine Kristallkugel, die zwischen Eingang und Treppe gestellt beziehungsweise gehängt werden.

Türen

Über den Flur oder über die Diele verteilt sich die Qi-Energie vom Eingang kommend in die anderen Räume. Achten Sie auf die Anordnung der Türen, weil sie die Verteilung der Qi-Energie günstig oder nachteilig beeinflußt. Wenn sich zwei und mehr Türen direkt in Reihe befinden, fließt das Qi zu schnell hindurch, und der positive Effekt geht verloren. Die familiäre Harmonie kann dadurch gefährdet werden. Vermeiden Sie auf jeden Fall den direkten Durchfluß vom Eingang zur Rückseite des Hauses.

Maßnahmen

Wenn Sie in einer Wohnung mit diesem Feng-Shui-Problem leben und Umbaumaßnahmen zu aufwendig sind, sollten Sie den Durchzug blockieren. Sehr gut eignen sich für diesen Zweck massive Möbelstücke.

Gehen zu viele Türen von einem Flur ab, kann dies verwirren und Unbehagen verursachen. Im Flur sind Türen ungünstig, die sich genau einander gegenüberliegen. Die Situation ist besonders problematisch, wenn eine Tür größer ist als die andere. Bei der Planung sollten die Türen so angeordnet werden, daß sie mindestens um einen halben Meter zueinander versetzt sind.

Türen mit schräger Oberkante, wie man sie häufig im Dachgeschoß findet, verursachen sehr schlechtes Feng Shui.

Fenster

Fenster stellen eine unmittelbare Verbindung zur Außenwelt her. Da das Tageslicht wichtig für unser Wohlbefinden ist, sollte jeder Raum ein Außenfenster haben. Die Fenster haben große Bedeutung für die Qi-Zirkulation. Durch sie verläßt verbrauchte Energie zu einem großen Teil die Wohnung. Gibt es zu wenige oder nur kleine Fenster, kann es zur Stagnation kommen. Allerdings sind sehr große Fenster und Glasflächen ebenfalls problematisch, da das Qi zu schnell abfließt und die Sonneneinstrahlung zu stark wird. Wichtig ist also ein ausgewogenes Verhältnis von Fensterzahl und -fläche.

Maßnahmen

Es gibt eine Regel, nach der die Zahl der Fenster nicht das Dreifache der Türenanzahl überschreiten soll. Öffnen Sie die Fenster mindestens einmal täglich zum gründlichen Lüften. Die Fenster müssen sich weit öffnen lassen. Vor allem aus dem Bad und der Küche muß Feuchtigkeit entweichen können. Es reicht nicht aus, wenn sich die Fenster nur kippen lassen. Es ist auch gar nicht so vorteilhaft, wenn die Dichtungen der Fensterrahmen und die Wärmedämmung oft so perfekt isolieren. So wird der notwendige Austausch zwischen verbrauchter Innenluft und frischer Außenluft unterbunden.

Bei einer ausgefallenen architektonischen Gestaltung des Gebäudes muß man bedenken, daß die Fensterformen mit den Fünf Elementen in Verbindung gebracht werden, die mit dem Material und der Farbe des Gebäudes harmonieren sollten.

Das Einzugsritual

Der Einzug in ein neues Heim ist für jeden ein Neubeginn, eine Zäsur zwischen Vergangenheit und Neuanfang.

Es ist wichtig, daß Sie Ihre neue Wohnung oder Ihr neues Eigenheim bewußt in Besitz nehmen. Denken Sie sich dafür ein kleines Ritual aus. Köpfen Sie zum Beispiel eine Flasche Champagner in den noch leeren Räumen, oder umrunden Sie mit Ihrer ganzen Familie das neue Heim.

Wenn das Haus oder die Wohnung vor Ihnen bewohnt wurde, ist ein Reinigungsritual zur Beseitigung der Vorbelastungen sinnvoll. Sie können Zitruswasser in den Räumen versprühen, Räucherstäbchen anzünden oder in allen Zimmern Glockenklänge erzeugen.

Der Qi-Fluß im Grundriß

Um das Feng Shui in Ihrer Wohnung oder in Ihrem Haus zu verbessern, müssen Sie in einem ersten Schritt den Grundriß und die Raumaufteilung untersuchen. In einem zweiten Schritt betrachten Sie dann die Gestaltung der einzelnen Räume.

schrittweises Vorgehen

Anhand des Grundrisses Ihres Hauses oder Ihrer Wohnung können Sie nachvollziehen, auf welchen Wegen das Qi strömt.

Stellen Sie sich folgende Fragen:

- Ist eine ungehinderte Zirkulation vom Haupteingang durch den Flur in die Räume möglich?
- Wo bestehen Blockaden oder Umwege?
- Gibt es Beschleunigungsstrecken, zum Beispiel in einem langen Korridor?
- Werden die wichtigsten Räume, nämlich Wohnzimmer, Küche und Schlafzimmer durch positive Energie in geschwungenen Bahnen gut versorgt?

Ergreifen Sie Maßnahmen, um an den entsprechenden Stellen des Grundrisses Blockaden zu beseitigen, das Qi zu aktivieren oder zu bremsen.

Bei der Wohnungsanalyse kommt es auch darauf an, problematische Situationen zuerkennen und zu entschärfen. Stellen Sie vor allem fest, ob und wo schneidendes Qi auftritt.

Wie wir Ihnen bereits erklärt haben, unterteilt die Feng-Shui-Lehre die Wohnung oder das Haus in Yin- und Yang-Bereiche. Die zur Straße gewandte Vorderseite und der Eingangsbereich weisen Yang-Qualitäten auf. Die ruhige Rückseite gehört zum Yin-Bereich.

Überprüfen Sie bei Ihrer Wohnungsanalyse, ob die tatsächliche Nutzung der einzelnen Räume ihrer jeweiligen Zuordnung entspricht.

Jeder Raum sollte regelmäßig genutzt werden, damit keine Stagnationsbereiche in Ihrer Wohnung entstehen können. Prüfen Sie unter diesen Gesichtspunkten eine Umorganisation der Raumnutzungen.

Anwendung des Ba Gua

Legen Sie das Ba-Gua-Raster, wie wir es Ihnen bereits beschrieben haben, auf den Grundriß Ihrer Wohnung. Vergleichen Sie die Nutzung der Räume und ihre Zuordnung zu den Lebensaspekten.

Denken Sie über Ihre aktuelle Lebenssituation nach. Gibt es Probleme in einem Lebensbereich? Wenn dies der Fall ist, können Sie den entsprechenden Ba-Gua-Sektor Ihrer Wohnung inspizieren. Eventuell liegt hier ein Fehlbereich oder eine vernachlässigte Raumgestaltung vor.

Beispiel

Die Lübecker Feng-Shui-Beraterin C.-R. Scheck berichtet von folgendem Fall:

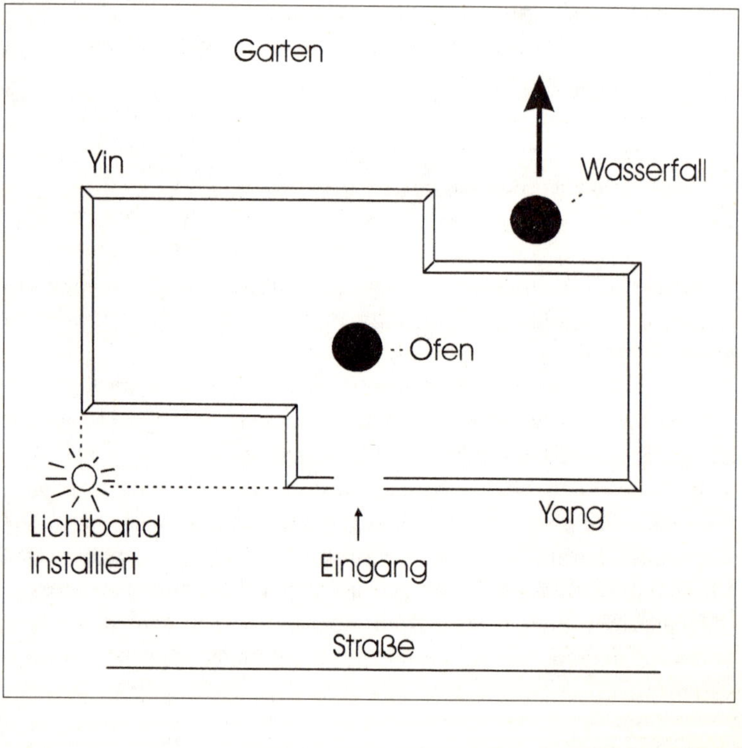

Skizze zur Fallstudie

Eine sehr wohlhabende und erfolgreiche Unternehmerin rief sie in ihr Privathaus. Das Gebäude bestand aus zwei miteinander verbundenen Rechtecken. Der vordere Teil zeigte eine starke Yang-Betonung. Im rückwärtigen Bereich fehlte eine Ecke, die im Feng Shui als Beziehungsecke gilt. In diesem fehlenden Abschnitt war ein Wasserfall angelegt, der vom Haus wegfloß. Im Zentrum des Gebäudes stand ein großer eiserner Ofen.

Analyse

Die Beraterin erklärte der Dame, welche Erfahrungen sie in diesem Haus gemacht haben müsse:

- Die starke Yang-Betonung des Hauses zeigte die beherrschende Position des Ehemannes an, d. h., der Mann dominierte die Frau, obwohl er finanziell der schwächere Part war.
- Außerdem ließ das Fehlen der Beziehungsecke und die Anlage des Wasserfalls den Schluß auf eine instabile Verbindung zu. Die Beziehung ging im Sinne des Wortes „den Bach hinunter".
- Ferner ließ der schwere Ofen im Zentrum des Hauses auf fehlende Herzlichkeit im Zusammenleben der beiden Partner schließen.
- Infolge der Verwinkelung des Hauses bestand die Gefahr gesundheitlicher Beschwerden im Schulter- und Nackenbereich der Bewohner.

Die Dame bestätigte die Richtigkeit der Analyse der Feng Shui-Beraterin in allen Punkten.

Die Empfehlung der Beraterin: Der Wasserfall wurde stillgelegt. Die Beziehungsecke wurde durch den Bau einer Mauer in den gesamten Gebäudekomplex integriert. Der Ofen erhielt einen anderen Standort. Außerdem wurde die fehlende Ecke auf der Straßenseite durch die Verlängerung des Hausfront in Form eines Lichtbandes ausgeglichen.

Möbel

Funktionalität

Bei der Wahl der Möbelstücke für Ihre eigene Wohnung sollten Sie sich zwei Anforderungen an die größeren Einrichtungsgegenstände bewußt machen: Sie müssen ihre eigentliche Funktion z. B. als Sitzgelegenheit (Stuhl, Sofa) oder als Aufbewahrungvorrichtung für die jeweiligen Gegenstände (Kleiderschrank, Bücherschrank usw.) gut erfüllen.

persönlicher Geschmack

Andererseits sind ästhetische Überlegungen bezüglich Form, Gestaltung, Farbe und Material sowie Zusammenstellung der Möbelstücke wichtig. Als entscheidendes Kriterium sollten Sie bei der Gestaltung Ihrer Einrichtung beachten, daß die Möbelstücke Ihren Bedürfnissen entsprechen, denn Sie müssen in dieser Wohnung leben. Gehen Sie deshalb wirklich in sich, um herauszufinden, welche innenarchitektonischen Lösungen Ihr Wohlbefinden ermöglichen.

Da die Möbelstücke die Nutzung der Räume definieren, ist es vorteilhaft, zu eindeutigen Zuordnungen und Aufteilungen zu kommen, soweit dies möglich ist. Überlegen Sie sich folgende Punkte, bevor sie die Möbel auf die verschiedenen Räumen Ihrer Wohnung verteilen:

- Welche Nutzungen und Aktivitäten sollen wo stattfinden?
- Welche Wege und Abläufe sind damit in den Räumlichkeiten verbunden?
- Wieviel Menschen halten sich normalerweise in den jeweiligen Räumen auf?

Der wichtigste Grundsatz lautet:
Die richtige Möblierung steht bezüglich ihrer Proportionen in einem vernünftigen Verhältnis zur Größe des Raums. Das heißt, daß die Zimmer weder fast leer noch mit Möbeln vollgestellt sein sollten. Neben der Raumstruktur, die durch die Wände vorgegeben wird,

kanalisiert vor allem die Plazierung der Möbelstücke den Qi-Fluß. Wenn Möbelstücke den Weg versperren, ist nicht nur Ihre Bewegungsfreiheit beeinträchtigt, sondern auch der Qi-Fluß. Abgesehen von einer verbesserten Feng-Shui-Situation macht es die Nutzung angenehmer, wenn alle Möbelstücke für Sie gut erreichbar sind.

Große und schwere Möbel wirken oft erdrückend. Werden sie außerdem in Durchgängen oder in der Raummitte plaziert, bremsen sie sogar starke Qi-Flüsse.

Antiquitäten

Seien Sie vorsichtig beim Kauf alter Möbelstücke. Sie speichern oft die negative Energie unglücklicher Ereignisse der Vergangenheit, die die Atmosphäre in Ihrem Heim belasten kann. Wenn Sie sich für ein historisches Stück interessieren, sollten Sie unbedingt seine Schwingungen in Ruhe auf sich wirken lassen.

Sitzgelegenheiten

Von Bedeutung sind die Sitzgelegenheiten, die in den Räumen zur Verfügung stehen. Die Zahl der Stühle oder Sofaplätze sollte etwas größer sein als die Anzahl der Personen, die sich normalerweise in dem Raum aufhalten.

Häufig wird der Fehler gemacht, Sitzgruppen zu dicht zusammenzurücken. Wenn man die Teile etwas großzügiger verteilt und einen Sessel abrückt, kann sich Qi besser bewegen. Außerdem wirkt die Situation so einladender auf Gäste, Platz zu nehmen.

Tischformen

Die Feng-Shui-Experten unterscheiden zwischen guten und schlechten Tischformen. Vorteilhaft sind die Grundformen Quadrat, Kreis, Oval und Rechteck, wenn es nicht zu lang ist.
Zu vermeiden sind Tischformen, denen die Ecken fehlen, denn diese begünstigen das Unglück.

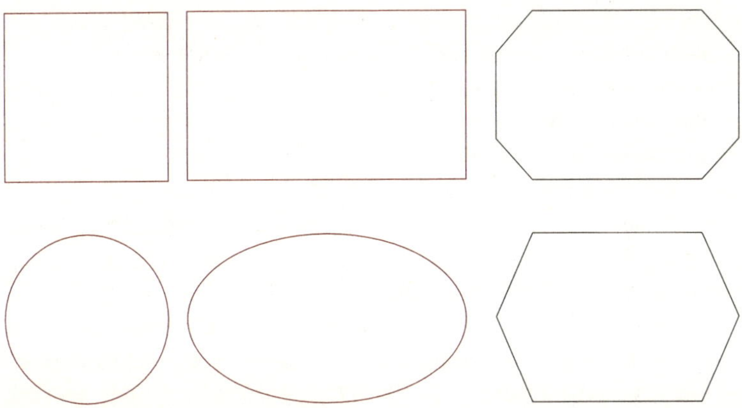

Günstige Tischformen

Ungünstige Tischformen

Die Tischform kann sich auf die Art der Kommunikation zwischen den Personen, die am Tisch sitzen, auswirken. Ein runder Tisch eignet sich gut für Diskussionen; er bezieht alle Teilnehmer gleichberechtigt in die Gesprächsrunde ein. Bei einem langen, rechteckigen Tisch hat die Person, die am Kopfende sitzt, in der Regel eine dominante Position. In Firmen bei wichtigen Sitzungen sitzt hier oft der Vorsitzende.

Bodenbeläge

Beim Verlegen der Teppiche sollte man beachten, daß die Webrichtung, Textur und das Muster den Qi-Fluß beeinflussen. In einem langen Korridor wirken Querstreifen bremsend, während Längsstreifen den ungünstigen Effekt der Beschleunigung haben. Diagonal verlaufende Muster lenken den Energiefluß ab. Die Art und Variierung der Musterung des Bodenbelags beeinflußt unsere Wahrnehmung der Größe von Räumlichkeiten, so daß man dieses Gestaltungsmittel einsetzen kann, um Zimmer größer oder kleiner erscheinen zu lassen.

Beachten Sie möglichst folgende Punkte bei der Wahl Ihrer Möbel:

Regel

- Bevorzugen Sie natürliche Materialien
  Massives Holz zum Beispiel verbessert die Raumstimmung im Vergleich mit Kunststoffoberflächen. Chemische Ausdünstungen können die Gesundheit beeinträchtigen. Vermeiden Sie gesundheitsschädliche Farben und Lasuren. Bei der Oberflächenbehandlung sind unbedenkliche Wachse und Naturfarben vorzuziehen. Wohntextilien, die aus natürlichen Materialien bestehen, sorgen für eine angenehme Atmosphäre.
  Bodenbeläge, Auslegeware, Läufer und Fliesen können aus nachwachsenden Rohstoffen wie Sisal, Kokos und Seegras hergestellt worden sein.
- Vermeiden Sie dunkle Farben
- Vermeiden Sie scharfe Kanten und lange Geraden
  Runde Formen erleichtern den Qi-Fluß und gestalten die Raumatmosphäre behaglicher. Von den scharfen Kanten geht negative, stechende Sha-Energie aus, die auf keinen Fall auf Schlaf- und Sitzplätze zielen darf. Sind diese Ecken und Kanten nicht zu vermeiden, müssen sie mit Dekorationen, Pflanzen usw. verdeckt werden.

Dekoration

Die ideale Anzahl der Möbelstücke ergibt sich auch aus einer Balance der stimulierenden Wirkungen. Versuchen Sie nicht krampfhaft, alle Zwischenräume mit Einrichtungsgegenständen zu füllen. Leerräume bieten Ihnen die Möglichkeit, mit Bildern für zusätzliche Sinnesreize zu sorgen.

Ein einfacher Tisch ohne Dekoration wird leicht übersehen. Mit schönen Gegenständen geschmückt, findet er jedoch Beachtung.

Bilder

Bilder sind ein wichtiges dekoratives Element von Wohn- und Arbeitsräumen. Bei der Auswahl der Bilder sollten Sie sich genau überlegen, welche Wirkung die Farben, und welche symbolische oder persönliche Bedeutung das Motiv in der Umgebung, in der sie hängen sollen, haben könnten. Bilder können entweder mehr Yin-oder mehr Yang-Impulse geben und zum Beispiel die Arbeitsmotivation aber auch bei düsteren Darstellungen depressive Neigungen fördern. Für die Plazierung der Bilder an der Wand gibt es mehrere Regeln:

- Auf allen Seiten eines Bildes sollte ausreichend freie Wandfläche vorhanden sein, damit das Bild zur Wirkung kommt.
- Bilder wirken am besten, wenn sie in Augenhöhe des stehenden Betrachters hängen.
- Nebeneinander hängende Bilder, die mit der Ober- oder Unterkante auf gleicher Höhe ausgerichtet sind, erzielen einen ruhigen Eindruck. Wenn benachbarte Bilder in unterschiedlicher Höhe hängen, entsteht eine optische Spannung.
- Werden Bilder über einem Sideboard aufgehängt, sollte man sie an der Unterkante ausrichten.
- Es gibt die Möglichkeit, durch eine bewußte Plazierung von Bildern die Wirkung der Raumproportionen zu verändern. Eine horizontale Anordnung läßt den Raum länger erscheinen, bei einer vertikalen Bildfolge wirkt die Wand höher.

Wie für die Möblierung allgemein gilt auch für die Dekorationen einer Wohnung, daß man die Räume nicht überladen sollte. Verschiedene Dekorationen können als Hilfsmittel des Feng Shui eingesetzt werden.

Aufräumen

Überfüllte Räume können weder genügend Energie noch Informationen aufnehmen. Deshalb ist es wichtig, daß Sie nicht nur die Zahl der Möbelstücke beschränken, sondern, daß Sie von Zeit zu Zeit auf- und ausräumen. Indem Sie sich von Sachen trennen, die Sie nicht mehr benötigen und die nur im Zimmer herumliegen oder Platz in den Schränken beanspruchen, schaffen Sie neue Kapazitäten.

Die richtige Beleuchtung

Natürliches Licht, vor allem direktes Sonnenlicht, das durch die Fenster in die Wohnung fällt, wirkt sich positiv auf die Raumatmosphäre aus. Licht hat heilende Kraft, vor allem das Sonnenlicht mit seinem ganzen Spektrum, weil es positiv auf unseren Stoffwechsel und unser gesamtes Wohlbefinden wirkt.

Idealerweise sind Fenster und Oberlicht in Ihrer Wohnung groß genug, um viel Tageslicht hereinzulassen.

Aber Vorsicht: Zu starke Lichtdurchflutung der Räume ist unter Gesichtspunkten des Feng Shui schädlich, denn extreme Einwirkungen stören immer die harmonische Balance eines Raumes. Das gilt besonders für grelles Licht, das von Fenstern, Spiegeln und Wasseroberflächen reflektiert wird.

Maßnahmen

- Zu starke Lichteinstrahlung reguliert man am besten mit Hilfe von Vorhängen, Jalousien, Markisen und Rollos.
- Wenn nur wenig Tageslicht durch das Fenster kommt, können Sie einen Spiegel neben dem Fenster aufhängen. Er verstärkt das hereinkommende Licht.

Von Wissenschaftlern wurde nachgewiesen, daß sich lichtarme Lebensräume negativ auf unsere Psyche auswirken. In einer dunklen Umgebung kommt der Antrieb wegen des Energiedefizits mit der Zeit zum Erliegen. Auch künstliches Licht bringt Energie in den Raum und aktiviert das Qi. Licht ist ein wichtiger Aktivposten für gutes Feng Shui in jeder Umgebung.

Helligkeit steht für Yang-Impulse, die die Aktivitäten zum Beispiel im Wohnzimmer fördern. Vergessen Sie aber nicht, ein Gleichgewicht durch Yin-Elemente zu schaffen, zum Beispiel durch dunklere Farbakzente oder weiche Polster.

Die richtige Lampe

Bei der Wahl der Lampen sollte man auf die effektive Leuchtkraft und das Spektrum des Leuchtkörpers achten, das bei Glühbirnen dem Sonnenlicht am ähnlichsten ist. Diese produzieren allerdings keine UV- und Infrarot-Strahlen. Vollspektrum-Leuchtstoffröhren bieten zwar alle Sonnenfarben, bringen aber das Elektrosmog-Problem mit sich und verursachen durch ihr Flimmern oft Kopfschmerzen.

Die Lampen müssen so angebracht werden, daß sie Sie nicht blenden, also keine Lichtstrahlen direkt oder durch Reflexionen auf Ihre Augen zielen. Achten Sie bei der Lichtplanung darauf, daß die Übergänge von den hellen zu den dunkleren Wohnbereichen für Ihre Augen nicht zu hart ausfallen. Vorteilhaft für eine harmonische Beleuchtung sind Lampen mit indirekter Lichtverteilung.

geschickte Kombination

Die Kombination verschiedener Lichtquellen bietet die Möglichkeit, eine individuelle Stimmung zu erzeugen. In Rückzugsräumen wie dem Schlafzimmer sind variabel einsetzbare Lichtquellen vorteilhaft. Empfohlen wird eine Beleuchtung, bei der der ganze Raum ausgeleuchtet und gleichzeitig ein Bereich von einer Lampe besonders angestrahlt wird. Vorteilhaft ist ein Wechsel zwischen hellen und etwas schummerigen Zonen, in denen man sich entspannen kann. Licht kann eingesetzt werden, um Dinge hervorzuheben, ihnen eine besondere Bedeutung zu geben. Sie können auf diese Weise Bilder mit bedeutungsvollen Motiven oder Symbole, die Sie als Feng-Shui-Heilmittel einsetzen, in den Vordergrund rücken.

Dunkle Ecken verursachen Unbehagen und bilden einen Energiestau, der sich auf die gesamte Wohnsituation auswirkt. Deshalb sollten alle Teile der Wohnung gut mit Licht versorgt werden. Zimmer mit dunkler Möblierung benötigen deutlich stärkere Lichtquellen.

Bereiche, in denen sich mehrere Personen aufhalten, etwa zum Essen, Lesen oder Gespräch, müssen gut beleuchtet sein, zum Beispiel durch eine mehrarmige Deckenkrone. Vermeiden Sie, daß z. B. der Körper von Gästen durch einen zu kleinen Lichtkegel zerschnitten wird. Wer nicht ganz im beleuchteten Bereich sitzt, fühlt sich leicht ausgeschlossen.

Beim Einrichten Ihrer Wohnung sollten Sie auch bedenken, daß die Leuchten tagsüber eine Art Skulptur darstellen. Unter dem Aspekt der Fünf Elemente kommt ihrer Form, Farbe und ihrem Material Bedeutung zu. Es macht einen Unterschied, ob der Schirm einer Tischleuchte aus Stoff, Metall, Glas oder Kunststoff besteht, denn die Materialien passen nicht zu jeder Raumqualität.

Maßnahmen

Das Gestaltungsmittel Licht bietet vielfältige Lösungen für Feng-Shui-Probleme

- Aufwärtsgerichtete Wandleuchten heben das Qi und lassen die Decke höher wirken.
- Standleuchten bringen Bewegung in dunkle Ecken mit stagnierendem Qi. Es ist besonders nützlich, wenn Sie den Fluß des Qi in der Ecke des Reichtums mit Hilfe einer Stehlampe stimulieren.
- Indirekte Beleuchtung läßt Raumkanten und Ecken weicher erscheinen und schwächt so aggressive Sha-Pfeile.
- Wenn einer Ihrer Räume keinen vollständig rechtwinkligen Grundriß hat, sondern eine schräg verlaufende Wand, können Sie als Ausgleich eine Lampe im spitzen Winkel anbringen.
- Eine Leuchtenreihe, die unter der Decke an einer langen, geschwungenen Schiene befestigt ist, wirkt als Leitbahn für Qi-Energie.

Häufig wird der Beleuchtung außerhalb des Hauses zu wenig Beachtung geschenkt. Sehr wichtig: Der Eingangsbereich sollte genügend Lichtquellen aufweisen, die man bei Bedarf einschalten kann. Dunkle Eingänge wirken nicht besonders einladend - weder für Ihre Gäste noch für Qi-Energie. Wer nachts die Außenwände seines Hauses von mehreren Leuchten anstrahlen läßt, fördert nach der traditionellen Feng-Shui-Lehre sein Glück. Der Fehlbereich eines L-förmigen Hausgrundrisses kann durch einen Strahler wieder in das Ba Gua integriert werden. Plazieren Sie den Beleuchtungskörper an der fehlenden Ecken so, daß sein Licht in den negativen Raum gerichtet ist und diesen aufhellt.

Farben

Die Farben eines Raums sind als Gestaltungskomponente mindestens genauso wichtig wie Größe, Form und Material der vorhandenen Objekte. Farben werden als erstes wahrgenommen und beeinflussen die Atmosphäre auf entscheidende Weise. Sie lassen einen Raum einladend oder kahl und ungemütlich, warm oder kühl, kleiner oder größer wirken. Alle Menschen zeigen ähnliche Reaktionen auf Farben.

Wirkungen

Die Farben bilden unterschiedliche Lichtfrequenzen. Das sind elektromagnetische Wellen, die sich auf die Qi-Energie in Ihrer Wohnung direkt auswirken. Wir wissen, daß Farbe eine Form der Energie ist, die heilen kann. Aus diesen Gründen kommt der Farbwahl in den eigenen Vier Wänden so große Bedeutung zu. Praktisch jeder Bestandteil Ihrer Wohnung bringt eine Farbkomponente ins Spiel. Einige Farbträger lassen sich nur mit größerem Aufwand verändern wie zum Beispiel Fensterrahmen, Türen, Fliesen, Möbel und Tapeten oder Wandanstriche. Oft sind aber große Veränderungen nicht erforderlich, um farbliche Disharmonien auszugleichen. Durch die bewußte Farbwahl bei den Heimtextilien wie Gardinen, Dekostoffen, Polsterbezügen, Kissen- und Bettbezüge, Tischdecken und Teppichen haben wir viele Gestaltungsmöglichkeiten. Auch andere dekorative Elemente wie Lampenschirme, Skulpturen und Bilder können Farbakzente setzen.

Anwendung

Sie haben zwei Möglichkeiten, Farben einzusetzen: entweder als großflächige Hintergrundgestaltung vor allem der Wände. Hier empfiehlt es sich in der Regel auf eine kräftige Farbgebung zu verzichten. Andererseits können Sie kleinflächig starke Farbakzente setzen. Je leuchtender die Farbe ist, um so größer ist der Effekt auch kleinerer Gegenstände. Ein neuer Vorhang oder ein anderer Kissenbezug können schon viel bewirken.

Persönlicher Geschmack

Der Ausgangspunkt für die farbliche Gestaltung Ihrer Wohnung sollte Ihr persönlicher Geschmack sein. Über Ihre Farbpräferenzen müssen Sie sich im klaren sein. Folgen Sie nicht den kurzlebigen Trends. Die Farben sollten auch Ausdruck Ihrer Persönlichkeit, Ihrer Emotionen und Lebensziele sein.

Die Anwendung und die Harmonisierung der Farben folgt im Feng Shui je nach Methode und Schulrichtung unterschiedlichen Regeln, die man nicht vermischen sollte.

Relativ einfach anzuwenden und sehr wirkungsvoll ist die Farbgestaltung, die der Yin-Yang-Theorie und dem Konzept der Fünf Elemente folgt.

Aktive Yang-Farben sind Rot, Orange und Gelb. Sie stehen für Dynamik, Erfolg und Glück. Diese Farben hoher energetischer Intensität eignen sich, das Qi in Stagnationsbereichen zu aktivieren.

Die passiven Yin-Farben, sämtliche Blau- und Grüntöne, haben eine kleine Wellenlänge und wirken beruhigend. Sie werden mit Gesundheit und Familienleben in Verbindung gebracht.

Unter dem Aspekt von Yin und Yang können Sie die Farben ins Gleichgewicht bringen oder zur Aktivierung beziehungsweise Beruhigung der Qi-Energie einsetzen.

Wir haben bereits dargestellt, daß den Fünf Elementen, die jeweils eine spezielle Energieform darstellen, bestimmte Farben entsprechen. Daraus ergibt sich, daß man die Schöpfungs-, Zerstörungs- und Kontrollsequenzen auf die Farbkombination anwenden kann.

Die Schöpfungssequenz der Farben lautet: Rot - Gelb - Weiß - Blau - Grün.

Die Regeln der Fünf Elemente können Sie befolgen, um

- Ihr persönliches Element zu fördern oder zu harmonisieren
- harmonische Farbzusammenstellungen zu finden
- die Aktivitäten, die in den Räumen geplant sind, zu unterstützen

Folgende Wirkungen, die von den Farben ausgehen, sollten Sie bei der Wohnungsgestaltung beachten:

Rot

Wirkt anregend und wärmend, weckt die Aufmerksamkeit. Wird intensives Rot großflächig eingesetzt, kann dies Unruhe und Aggressivität auslösen. Deshalb sollten Sie diese Farbe nur sparsam und gezielt einsetzen.

Gelb

Inspiriert, fördert geistige Aktivität und Kreativität. Gelb hebt die Stimmung und gibt Ihnen Antrieb. Mit dieser Farbe wird das Sammeln von Energie in Verbindung gebracht.

Weiß

Diese Yang-Farbe symbolisiert Reinheit und Härte. Großflächig eingesetzt wirkt sie steril und unfreundlich.

Blau

Blau wirkt beruhigend und stoppt Nervosität. Diese Farbe ist kühl und wirkt geheimnisvoll und isolierend.

Grün

Wirkt ausgleichend und stärkt überforderte Augen. Grün vermittelt Stabilität.

Im nächsten Kapitel gehen wir auf die verschiedenen Räume einer Wohnung ein. Dabei können Sie sehen, welche Farbgebung sich auf die entsprechenden Nutzungen günstig auswirkt.

Wenn Sie sich Gedanken über eine Farbgestaltung oder -veränderung Ihrer Wohnung machen, sollten Sie sich fragen: Zu welcher Tageszeit werden die Räume genutzt? Denn die Lichtverhältnisse - ob Mittagssonne oder künstliches Licht in den Abendstunden - beeinflussen die Farbwirkung in ganz entscheidendem Maße.

Eingangsbereich, Diele und Flur

Erster Eindruck

Hinter der Haus- oder Wohnungstür tritt man in der Regel in einen Flur, in eine kleine Diele oder in einen Vorraum mit Windfang. Die Atmosphäre des Eingangsbereiches ist sehr wichtig: Für Gäste ist er eine Art Visitenkarte, den Bewohner stimmt er bei der Heimkehr auf sein Zuhause ein.

Häufig ist der Eingangsbereich zu klein und ungünstig geschnitten. Trotz der durch die Hausplanung vorgegebenen Schwierigkeiten sollten Sie versuchen, den Vorraum Ihres Hauses oder Ihrer Wohnung gleichzeitig ansprechend und zweckmäßig einzurichten.

Folgende Punkte sollten nicht nur unter Gesichtspunkten des Feng Shui beachtet werden:

- Wenn nur wenig Platz zur Verfügung steht, besteht die Gefahr, daß der Qi-Fluß blockiert wird. Verzichten Sie hier auf größere Schränke, und wählen Sie statt dessen flache Garderoben, schmale Regale mit Schiebetüren und kleine Kommoden. Spiegel dienen nicht nur der Überprüfung des Outfits, sondern können den Vorraum größer erscheinen lassen.
- Ein voller Eingangsbereich wirkt erdrückend. Achten Sie darauf, hier nicht zu viele Gegenstände wie Taschen und Schuhe herumliegen zu lassen und vor allem Ordnung zu halten. Entsorgen Sie unnötige Gegenstände aus diesem Bereich.
- Auch wenn weniger mehr ist: Sparen Sie dennoch nicht mit schmückenden Dekorationen, die zum Beispiel aus Figuren, Pflanzen, Trockenblumen und auch Bildern bestehen können.
- Wie die Accessoires entscheiden die Farb- und Lichtverhältnisse darüber, ob ein freundlicher Eindruck beim Betreten einer Wohnung vermittelt wird. Eine gute Beleuchtung ist von zentraler Bedeutung. Bringen Sie am besten mehrere Lichtquellen an, die bestimmte Bereiche anstrahlen. Gibt es wenig natürliches Licht, empfehlen wir Ihnen eine helle Farbgebung der Möbel und Wände sowie glänzende Oberflächen, die das Licht zusätzlich reflektieren können.

- Wenn Sie direkt hinter der Haustür vor eine Wand treten, gibt es Probleme, weil dadurch die Wirkung entsteht, man trete direkt vor ein Hindernis.

Maßnahmen

Bringen Sie Dekorationen oder Lampen an, die den weiteren Weg in das Innere der Wohnung weisen. Hängen sie ein großes Bild mit Tiefenwirkung an die Wand hinter dem Eingang. Dadurch wird der begrenzende Effekt aufgehoben.

Hängen Sie keinen Spiegel an dieser Stelle auf! Er würde die hereinströmende Qi-Energie zu einem großen Teil direkt wieder nach draußen reflektieren, so daß Ihre Wohnung energetisch unterversorgt wäre.

Der Flur

An den Eingangsbereich schließt sich häufig ein Flur oder Korridor an. Seine Form kann die Orientierung erleichtern oder erschweren, trennend oder verbindend wirken.

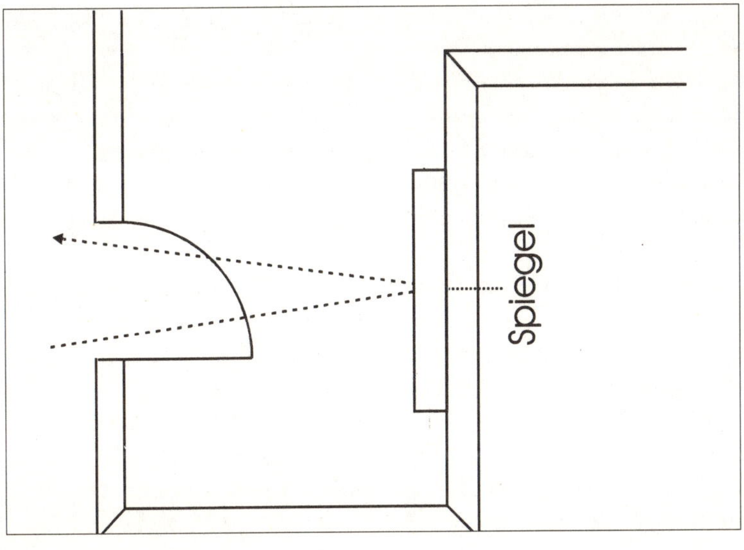

Ungünstige Spiegelinstallation direkt gegenüber der Eingangstür.

Maßnahmen

- Lange, schmale Korridore lassen sich optisch verbreitern, wenn Sie die Wände mit einer hellen Farbe anstreichen.
- Eine dunkler Anstrich am Ende eines Ganges wirkt verkürzend.
- In einem langen Flur besteht die Gefahr, daß der Qi-Strom zu stark beschleunigt wird. Hängen Sie in der Mitte ein Klangspiel etwa 30 Zentimeter unter die Decke, um den Energiefluß abzubremsen.
- In verwinkelten Fluren können Sie den gehemmten Qi-Fluß beschleunigen, indem Sie Spiegel an den Seiten- und Stirnwänden anbringen.

Das gemütliche Wohnzimmer

In vielen Haushalten stellt das Wohnzimmer den Ort dar, an dem mindestens einmal am Tag alle Familienmitglieder zusammenkommen. Die Bedeutung dieses Raums als Versammlungsort und Treffpunkt der Familie, Kommunikationszentrum und Rahmen für gesellige Stunden erfordert besondere Sorgfalt bei der Gestaltung. Denn es ist wichtig, daß sich alle Familienmitglieder hier wirklich wohl fühlen können.

Versammlungsort

Bevor Sie ein Wohnzimmer einrichten, sollten Sie sich Gedanken über die hauptsächlichen Nutzungen machen, die hier stattfinden sollen. Wenn Sie häufig Geschäftspartner einladen wollen, ist eine repräsentative Gestaltung, etwa als Salon, zu empfehlen. Das Wohnzimmer ist dann der Raum, in dem sich die Familie Außenstehenden präsentiert.

Wenn Sie das Wohnzimmer vor allem im Familienrahmen nutzen, sollte die Gemütlichkeit im Vordergrund stehen. Bequeme Sitzgelegenheiten und eine entspannende Atmosphäre sind wichtiger als die praktische Seite der Einrichtung.

Ein Wohnzimmer kann unterschiedliche Funktionen erfüllen, zum Beispiel dient es zum Lesen, Fernsehen, für Unterhaltungen und Partys. Einzelne Nutzungen können Sie durch das entsprechende Arrangement der Möbel fördern. So laden gemütliche Sessel mit einer Leselampe zum Lesen eines schönen Buches ein. Oft ist die Sitzgruppe so plaziert, daß man ständig auf das Fernsehgerät schauen muß. In einer solchen Situation kann es schwierig sein, eine anregende Unterhaltung zu führen.

Sondernutzungen

Wenn es die räumlichen Verhältnisse erlauben, sollten Sie Bereiche mit Sondernutzungen im Wohnzimmer vermeiden, weil so die eine oder andere Aktivität beeinträchtigt werden kann. So würde eine Arbeitsecke die von Ihnen eigentlich gewünschte entspannende Atmosphäre nur stören, weil Sie ständig an wichtige Aufgaben erinnert würden, die noch zu erledigen sind.

Häufig wird ein Teil des Wohnzimmers als Eßbereich genutzt. Sorgen Sie in diesem Fall für eine optische Abtrennung dieser Zone durch Strahler, Pflanzen und andere dekorative Elemente.

Raumaufteilung

Natürlich sollte das Wohnzimmer nicht zu klein, überladen und vollgestopft sein. Lassen Sie nicht zu viele Sachen herumliegen, und räumen Sie regelmäßig auf. Wichtig ist auch hier, daß die Qi-Energie ungestört zirkulieren kann. Schaffen Sie genügend Platz neben den Pfaden, die Sie auf dem Weg zur Sitzecke, zum Fernsehgerät, zum Schrank und so weiter benutzen.

In großen Wohnzimmern kann das Problem entstehen, daß der Qi-Fluß zu sehr in die Breite geht und seine Kraft verliert. Gliedern Sie den Raum durch die lockere Plazierung von Pflanzen und Möbelstücken so, daß geschwungene Bahnen für die Qi-Zirkulation entstehen.

Bei einem ungünstigen L-förmigen Wohnzimmergrundriß ist es sinnvoll, eine Raumaufteilung in zwei rechteckige, energetisch vorteilhafte Bereiche vorzunehmen. Sie können zum Beispiel getrennte Sitzbereiche zum Fernsehen und für Gesprächsrunden arrangieren.

Harmonie

Als oberster Grundsatz für gutes Feng Shui gilt, daß alle Gegenstände im Raum in bezug auf Form, Farbe und Material miteinander harmonieren sollen. Hierbei sind nicht nur die Regeln der Lehre der Fünf Elemente maßgebend, sondern auch Ihr persönlicher Geschmack. Unbehandelte Naturmaterialien sorgen für eine warme Atmosphäre und Energie. Für die Tische und Schränke ist Holz in der Regel das beste Material der Wahl.

Sitzgelegenheiten

Die Sitzgelegenheiten, die in den meisten Wohnzimmern hauptsächlich aus einer Sitzgruppe bestehen, müssen mit Bedacht angeordnet werden.

Plazieren Sie das Sofa so, daß

- ausreichend Abstand zur Zimmertür und zum Fenster besteht;
- sich eine massive Wand auf der Rückseite befindet.

Der bestmögliche Platz ist die Raumecke gegenüber der Tür. Hier fühlt man sich sicher und hat den Raum und die Tür im Blick.

Eine Position in der Linie von Tür und Fenster ist sehr ungünstig, weil Sie hier ungeschützt dem Energiestrom ausgesetzt sind. Es ist also nicht vorteilhaft, die Sitzgruppe in der Mitte des Wohnzimmers zu plazieren.

Maßnahme

Läßt es sich nicht vermeiden, daß sich ein weiter, offener Bereich hinter den Sesseln einer Sitzgruppe ausbreitet, sollten Sie die Rückseite durch einen Paravent oder eine Pflanzenbank abschirmen.

Wenn Ihr Wohnzimmer nicht besonders geräumig ist, sollten Sie für eine sparsame Möblierung sorgen. Vermeiden Sie große, dominierende Schränke und hohe Bücherregale vor allem in der Nähe der Sitzgelegenheiten. Ansonsten würde man leicht das Gefühl bekommen, daß einen die Möbelstücke erschlagen. Helle Möbel werden den Feng-Shui-Anforderungen am besten gerecht.

Achten Sie bei der Wahl der Möbelstücke auf abgerundete Kanten. Wenn Sie sich von Einrichtungsgegenständen mit scharfen Kanten nicht trennen wollen, dürfen die geheimen Pfeile zumindest nicht auf Sitzgelegenheiten zielen.

Licht

Im Wohnzimmer ist die Beleuchtung ein entscheidendes Gestaltungselement, das viele Variationen zuläßt. Sorgen Sie vor allem dafür, daß positive Energie durch viel Licht in allen Bereichen und Ecken angeregt wird. Die Vielfalt der Lampen und Leuchten, die im Handel angeboten werden, bieten Ihnen die Möglichkeit, individuelle Stimmungen zu kreieren. Eine mehrarmige Deckenleuchte sammelt positives Qi und markiert das Zentrum für Zusammenkünfte. Verteilen Sie Deckenfluter, Tischleuchten, Wandleuchten und Leselampen so im Raum, daß sie zugleich funktional sind und die

Atmosphäre angenehm gestalten. Das Licht sollte immer von oben und den Seiten kommen und nicht blenden.

Strahler, die an einer entsprechend geführten Schiene angebracht werden, können den Weg zur Sitzgruppe weisen. Solche Lichtreihen sind gleichzeitig Bahnen für den Energiefluß.

Farben

Für das Wohnzimmer empfehlen wir Ihnen warme, freundliche Farben. Da Sie den Raum wahrscheinlich vor allem in den Abendstunden nutzen, sollten Sie dunkle Farben vermeiden. Für die Wände sind Cremefarben, Gelbtöne, Hellbraun, Grün und Pfirsich eine gute Gestaltungsidee. Helle Brauntöne wirken entspannend und ausgleichend. Sie stellen auch eine Beziehung zum Element Erde her und gehören zum Zentrum des Ba Gua. Damit wird die Bedeutung des Wohnzimmers als Mittelpunkt der Aktivitäten unterstrichen. Außerdem sind anregende Farbakzente und interessante Farbmuster im Wohnzimmer willkommen, wenn sie maßvoll eingesetzt werden. Ihre stimulierende Wirkung fördert lebhafte Unterhaltungen.

Hilfsmittel für besseres Feng Shui

- Große Pflanzen sind wichtige Hilfsmittel, die die Atmosphäre auffrischen. Sie sind unverzichtbar, wenn Sie ein Fernsehgerät im Wohnzimmer benutzen. Pflanzen können die elektromagnetische Energie absorbieren. Achten Sie darauf, daß spitze Blätter nicht auf Sitzplätze gerichtet sind, damit nicht geheime Pfeile Personen im Raum angreifen.
- Eine geschliffene Kristallkugel vor dem Fenster reflektiert Qi-Energie in den Raum zurück, das bremst den Abfluß.
- Wasserelemente sind sehr nützlich, um das Feng Shui Ihres Wohnzimmers zu verbessern. Ein Zimmerbrunnen hebt das Energieniveau an und wirkt gleichzeitig entspannend. Wenn er im Reichtumsbereich steht, wird die finanzielle Situation der Familie gefördert, denn sprudelndes Wasser symbolisiert Einkommen.
- Ein Klangspiel in der Mitte des Raums, die Sie möglichst frei lassen sollten, wirkt als Drehscheibe für die Qi-Zirkulation.

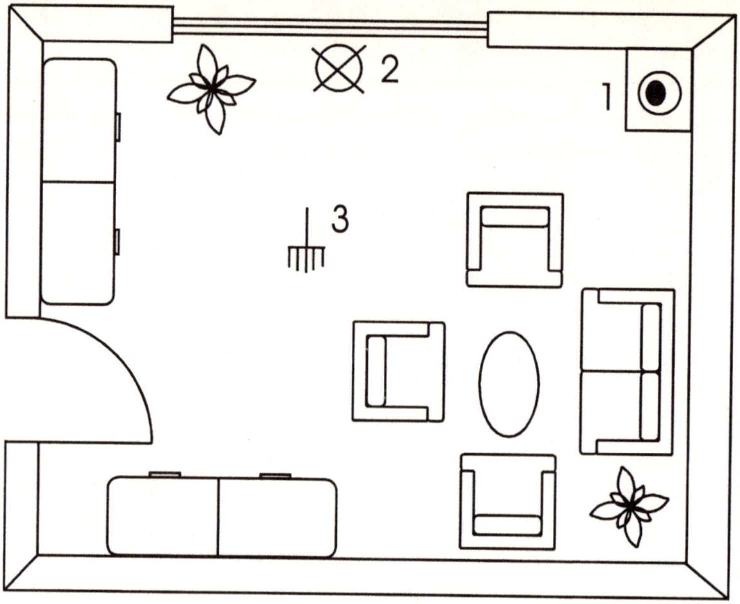

Ein Wohnzimmer mit gutem Feng Shui. Als Hilfsmittel werden ein Zimmerbrunnen (1), eine Kristallkugel (2) und ein Klangspiel (3) eingesetzt.

Das Schlafzimmer

Gesunder Schlaf ist für jeden von uns ein Grundbedürfnis. Im Schlaf sammeln wir neue Kräfte und regenerieren uns seelisch und geistig. Erholsamer Schlaf setzt voraus, daß wir Ruhe finden und wir in der Nacht keinen negativen Einflüssen ausgesetzt sind. 25 bis fast 40 Prozent unserer Zeit verbringen wir im Bett, das normalerweise im Schlafzimmer steht.

Aus diesen Gründen müssen Sie dem Schlafzimmer größte Aufmerksamkeit schenken. Günstiges Feng Shui in diesem Raum zahlt sich wegen unserer relativ langen Ruhephase besonders aus.

Für viele Feng-Shui-Experten hat eine große Zahl von Gesundheitsproblemen ihren Ursprung in einem falsch eingerichteten Schlafzimmer.

Wer sich morgens beim Aufstehen immer wieder unausgeschlafen, schlapp und zerschlagen fühlt, leidet wahrscheinlich unter Störzonen im Schlafzimmer. Unterirdische Wasseradern erweisen sich häufig als Störfaktoren.

Maßnahmen

Verrücken Sie Ihr Bett, um den negativen Energien auszuweichen. Bringt die Veränderung der Position keinen Erfolg, können Sie die Störungen durch Energiekarten oder auch dadurch neutralisieren, daß Sie mehr Blautöne für Tapeten, Bilder, Vorhänge und Bettbezüge verwenden.

Prüfen Sie, ob Ihr Bett in der Nähe von Elektrogeräten, Stromleitungen und Wasserrohren in der Wand steht. Diese Streßfaktoren können das Immunsystem schwächen. Häufig wird übersehen, daß hinter der Wand, an der das Bett steht, elektrische Anlagen angeschlossen sind, die in das Schlafzimmer ausstrahlen.

Welchen Raum Ihrer Wohnung wollen Sie als Schlafzimmer nutzen?

richtige Lage

Die Lage des Schlafzimmers im Wohnungsgrundriß muß genau geplant werden. Es sollte nicht in der Nähe der Wohnungstür liegen, denn hier fühlt man sich nicht so sicher. Günstig ist der Raum, der diagonal auf der entgegensetzten Seite zur Eingangstür liegt. Die beste Position des ehelichen Schlafzimmers befindet sich im Bereich „Partnerschaft“ des Ba Gua Ihrer Wohnung. In diesem Feld wird vor allem die Beziehung zu nahestehenden Menschen thematisiert.

Das Bett

Feng-Shui-Maße

Feng-Shui-Berater beachten auch die Maße des Betts, die ungünstig sein können. Ideale Längen für die Innenkanten sind:

124–134 cm, 145–155 cm, 167–177 cm, 188–198 cm, 210–219 cm. Glückbringende Abmessungen kann man mit einem speziellen Feng-Shui-Maß feststellen.

Das beste Material für das Bettgestell ist massives Holz.

Unter dem Bett muß ausreichend Freiraum bestehen, damit die Energie und Luft gut zirkulieren können. Aus diesem Grund dürfen die Bettdecken nicht bis zum Boden herunterhängen. Verstauen Sie keine Gegenstände unter dem Bett. Wenn die Zirkulation unter dem Bett blockiert ist, können Rheuma und Rückenprobleme die Folge sein.

Die Plazierung des Betts im Raum ist die wichtigste Entscheidung für gutes Feng Shui im Schlafzimmer. Beachten Sie möglichst folgende Regeln:

Maßnahmen

- Weichen Sie vor allem Yang-Positionen aus. Diese liegen in den aktiven, zugigen Zonen in der Nähe von Fenster und Tür. Der beste Ort für das Bett ist ein ruhiger Yin-Bereich.
- Stellen Sie das Bett nicht direkt zwischen Tür und Fenster. So vermeiden Sie, im ungesunden Qi-Durchzug zu schlafen.
- Der Abstand des Bettes zum Fenster sollte mindestens einen halben Meter betragen.
- Das Bett sollte nicht zu nahe an der Tür stehen und nicht auf die Tür ausgerichtet sein, damit der Schlafende sich nicht ungeschützt fühlt. Ist der Abstand zwischen Bett und Tür zu klein, können Sie einen Paravent aufstellen.
- Idealerweise positionieren Sie Ihr Bett diagonal gegenüber der Tür. So werden Sie nicht überrascht, wenn jemand den Raum betritt.
- Stellen Sie das Bett mit dem Kopfende an eine massive Innenwand. Lassen Sie das Bett nicht frei im Schlafzimmer stehen, denn diese Position vermittelt das Gefühl von Instabilität und Unsicherheit.
- Besonders schädlich sind sichtbare Deckenbalken über dem Bett, weil von ihnen zu starker Energiedruck ausgeht.
- Stellen Sie das Bett nicht in der Nähe von Kaminen auf. Der Schlaf würde sonst durch eine energetische Sogwirkung gestört werden.

Übermäßig große, wuchtige Schränke gehören nicht in das Schlafzimmer, weil sie eine erschlagende Wirkung haben. Kleiderschränke stehen am besten am Fußende an der Wand. Auch andere Möbelstücke sollten nicht zu nah am Bett aufgestellt werden. Scharfe Kanten der Möbel dürfen nicht auf den Schlafenden zielen.

Verbannen Sie auch unbedingt Spiegel und Spiegeltüren aus dem Schlafzimmer. Sie erzeugen Energieturbulenzen und schwächen durch Energieaufnahme. Spiegel sind besonders schädlich, wenn sie angebracht sind, daß das Bett reflektiert wird.

Maßnahme

Wenn Sie auf einen Spiegel im Schlafzimmer nicht verzichten wollen, können Sie ihn nachts mit einem festen Stofftuch verdecken oder – noch besser – einen Spiegel auf der Innenseite der Kleiderschranktür anbringen.

Farben

Die Farben im Schlafzimmer sollten vor allem eine beruhigende Wirkung haben. Rottöne bereiten jenen zusätzliche Probleme, die schon unter Schlafstörungen leiden. Blaue Elemente, zum Beispiel blaue Bettwäsche, wirken der Nervosität und „dem Hang zum Grübeln“ entgegen. Zuviel Weiß ist im Schlafzimmer nicht zu empfehlen, denn diese Farbe ist zu kalt und steril.

Licht

Die Lampen des Schlafzimmers dürfen nicht zu hell sein, damit hier Yin-Qualitäten für eine ruhige Atmosphäre sorgen können. Dimmer sind nützlich, weil sie es ermöglichen, die Beleuchtungsintensität der Situation anzupassen. Wählen Sie Nachttischlampen, die weiches Licht spenden. Es muß unbedingt vermieden werden, daß eine Lampe über dem Bett hängt. Je nach Position der Glühbirne könnten sich sonst verschiedene Gesundheitsprobleme und Schlafstörungen einstellen.

Maßnahmen

- Die positive Energie wird gefördert durch Bambusflöten, die Sie im 45-Grad-Winkel über das Bett hängen.
- Pflanzen mit runden Blättern wirken erfrischend. Stellen Sie diese am Fenster auf.
- Hängen Sie ein Klangspiel oder eine Kristallkugel am Fenster auf, damit die Qi-Energie nicht zu schnell entweicht.
- Vermeiden Sie harte, reflektierende Yang-Oberflächen, die zum Beispiel aus Glas oder Kunststoff bestehen.
- Im idealen Schlafzimmer dominieren die Yin-Elemente: weiche Teppiche und lange, drapierte Vorhänge.
- Wählen Sie Dekorationen und Bilder mit einer positiven Symbolik, die zum Beispiel Partnerschaft bekräftigt. Die Motive sollten Zuversicht ausstrahlen und gute Gefühle hervorrufen.

Eine günstige Position des Bettes im Schlafzimmer.

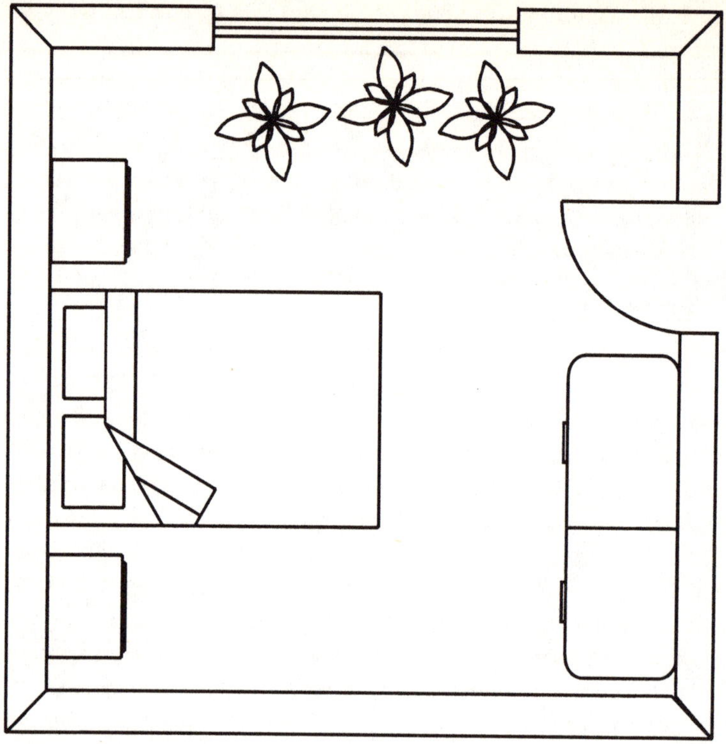

Die Küche

Für viele Feng-Shui-Experten ist die Küche der wichtigste Raum der ganzen Wohnung. Sie symbolisiert das Wohlergehen des Haushalts. Ist in der Küche alles in Ordnung, sind gute Voraussetzungen für Gesundheit und Wohlstand der Familie gegeben. Dieser Zusammenhang ist einleuchtend, denn in der Küche werden die Lebensmittel gelagert und die Mahlzeiten zubereitet. Eine gute und gesunde Ernährung gibt uns die Kraft, im Alltag zu bestehen. Wer sich mit der Gestaltung seiner Küche befaßt, wird auch diesen Aspekt der Versorgung nicht vernachlässigen.

Die Küche sollte geräumig, hell, ausreichend beleuchtet, freundlich und gut belüftet sein. Dies sind gute Voraussetzungen für die Qi-Zirkulation. Diese fördernde Energie überträgt sich auf das

Essen, das hier gekocht wird. Die Qualität der Mahlzeiten hängt auch davon ab, ob der Koch oder die Köchin in Ruhe und streßfrei arbeiten kann. Dann können beim Zubereiten positive Schwingungen in das Essen gelangen.

In einer Küche mit zwei Türen entsteht schnell störender Durchgangsverkehr. Küchen sollten deshalb nur eine Tür haben. Wenn eine zweite Tür vorhanden ist, wäre es vorteilhaft, diese stillzulegen.

In der Küche kommt es vor allem auf Sauberkeit und Funktionalität an. Wählen Sie deshalb Oberflächen, die bequem zu reinigen sind. Verbannen Sie Teppichboden aus der Küche. Fliesen und Holzfußboden sind leichter sauber zu halten.

Arrangieren Sie Kochfläche, Arbeitsfläche, Kühlschrank und Spüle so, daß alles gut erreichbar ist und Sie genügend Bewegungsfreiheit haben. Ist die Küche zu eng, wird der kreative Vorgang des Kochens behindert. Um Platz zu schaffen, sollten Sie den Eßbereich oder den Putzmittelschrank in einen anderen Raum verlegen.

In der Küche muß Ordnung herrschen. Ein ordentlicher und sauberer Kochplatz wirkt sich günstig auf die Finanzen aus. Räumen Sie deshalb regelmäßig auf. Scharfe Fleischmesser gehören in eine Schublade, denn sie erzeugen schneidende Sha-Energie. Lassen Sie keine Dinge herumliegen, die nicht in die Küche gehören. In unordentlichen, vollgestellten Ecken stagniert der Energiefluß.

Die richtige Plazierung des Herds spielt die Schlüsselrolle beim Feng Shui der Küche.

Damit Sie entspannt am Herd arbeiten können, sollten Sie dabei nicht mit dem Rücken zur Tür stehen.

Maßnahmen

Wenn Sie beim Kochen mit dem Rücken zur Tür stehen müssen und den Herd nicht umstellen können, sollten Sie einen Spiegel so anbringen, daß Sie sehen können, was hinter Ihnen vor sich geht.

Es gilt als eine sehr ungünstige Anordnung, wenn der Herd direkt neben dem Kühlschrank, dem Spülbecken oder der Waschmaschine steht. Hier prallen Feuer- (Herd) und Wasserenergien aufeinander, so daß schädliche Disharmonien entstehen.

Wenn Sie die ungünstige Anordnung der Küchengeräte nicht verändern können, ist eine harmonisierende Maßnahme erforderlich. Bringen Sie eine Spiegelfolie im Zwischenraum so an, daß die Spiegelfläche zum Wasserelement gerichtet ist. Sie können auch ein vermittelndes Holzelement einsetzen, indem Sie ein Holzbrett zwischen die Geräte schieben.

Herd

Eine günstige Plazierung des Herds ist die Ost- oder Südostwand der Küche.

Ideal ist eine sogenannte Kochinsel als Block aus Herd, Backofen und Arbeitsfläche, der in der Mitte der Küche steht. Durch die Lage im Zentrum des raumbezogenen Ba-Gua-Rasters wird die Bedeutung der Nahrungszubereitung für die Gesundheit betont. An dieser Stelle haben Sie einen guten Überblick und kurze Wege. Außerdem ist ein ausreichend großer Abstand des Herds zu den feindlichen Wasserelementen gewährleistet.

Ein Gasherd ist dem Elektroherd vorzuziehen. Das offene Feuer sorgt für eine bessere Energieübertragung auf die Mahlzeiten. Nicht ohne Grund kochen viele Berufsköche gerne mit Gas.

Die Installation von Dunstabzugshauben bringt Nachteile. Zum einen verursacht das ständige Ventilatorgeräusch Streß. Von der schweren Vorrichtung unter der Decke geht außerdem ein negativer Energiedruck wie von einem Deckenbalken aus. Richten Sie Ihre Küche also möglichst so ein, daß es ausreicht, das Fenster zu öffnen, um Gerüche abziehen zu lassen.

Kühlschrank

Der günstigste Platz für das Spülbecken befindet sich vor dem Fenster. Wenn der Blick aus dem Fenster nicht besonders reizvoll ist, sollten Sie hier eine Kristallkugel aufhängen.

Auch die Position des Kühlschranks ist von großer Bedeutung. Er sollte nicht auf einer Linie mit der Küchentür stehen. Es ist ebenfalls ungünstig, wenn sich die Kühlschranktür in Richtung Tür oder Herd öffnet. In dieser Konstellation würden Yin- und Yang-Energien mit negativem Effekt direkt aufeinanderprallen. Wenn Sie dazu neigen, den Kühlschrank zu oft anzusteuern, sollten Sie ihn in der hinteren Ecke der Küche aufstellen. Schlechte Plazierungen für den Kühlschrank sind Süd-, Südwest- und Nordostwände.

Küchenmöbel

Achten Sie darauf, daß die Küchenmöbel und Arbeitsflächen abgerundete Kanten haben.

Geschlossene Küchenschränke sind besser als offene Regale. So können Sie die Küchenutensilien immer gut verstauen. Herumliegende und -stehende Teile erzeugen stagnierendes Qi, das sich auch auf den Energiegehalt der Speisen auswirkt.

Eine günstige Atmosphäre wird gefördert, wenn das Geschirr harmonisch zusammengestellt ist und nicht aus unterschiedlichen Teilen besteht. Benutzen Sie ein vollständiges Service und ein passendes Besteckset.

Farben

Helle, freundliche Farben sind für die Küche zu empfehlen, vor allem abgetöntes Weiß und Gelbtöne. Mit Schwarz und Dunkelblau werden Akzente gesetzt. Andere Farbkombinationen können Sie aus der Zuordnung im Ba-Gua-Raster ableiten.

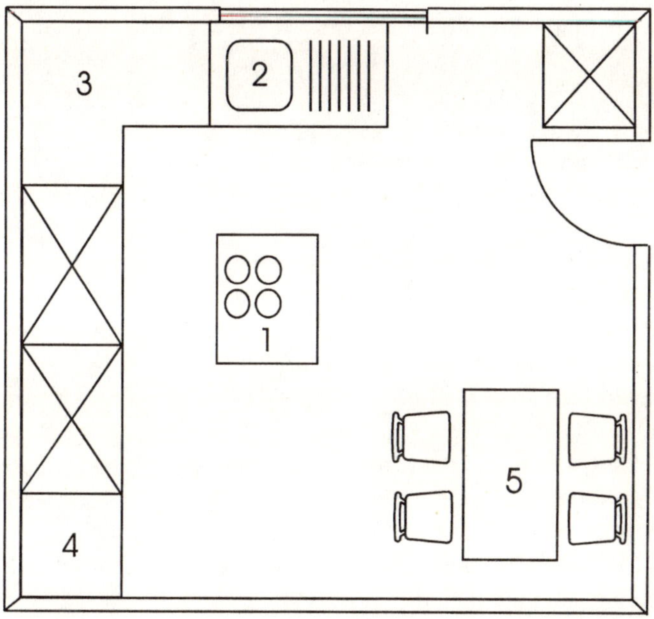

Ein günstiger Küchengrundriß
1 Kochinsel mit Kochfeld und Arbeitsfläche im Zentrum
2 Spüle am Fenster
3 Elektrogeräte
4 Kühlschrank
5 Eßbereich

Das einladende Eßzimmer

Die Überlegung, ob Sie ein separates Eßzimmer einrichten, hängt vor allem von Ihren Räumlichkeiten ab. Ist die Küche zu klein? Steht ein Raum für diese Nutzung zur Verfügung? Wichtig ist auch der Punkt, wie Sie sich Ihre Aktivitäten zu Hause vorstellen. Wenn Sie gerne Gäste zum Essen einladen, wird ein Eßzimmer benötigt. Es fördert auch das Familienleben, wenn alle Familienmitglieder regelmäßig zum Abendessen in einem angenehmen Rahmen zusammenkommen.

Das Eßzimmer sollte möglichst neben oder gegenüber der Küche liegen, damit die Wege beim Servieren nicht zu lang werden. Die Küche sollte man vom Eßtisch aus nicht direkt einsehen können.

Maßnahme

Eine Kristallkugel kann so aufgehängt werden, daß Küche und Eßbereich energetisch getrennt werden.

Wenn sich das Eßzimmer in der Nähe der Eingangstür befindet, neigen die Gäste dazu, sich nicht lange aufzuhalten. Steht ein Raum an der Vorderseite des Hauses zur Verfügung, kann das Eßzimmer den Wohnbereich zur Straße hin abschirmen.

Das Eßzimmer muß geräumig sein, so daß für den Eßtisch und die Stühle ausreichend Platz vorhanden ist.

Möblierung

Seien Sie sparsam mit der Möblierung, damit die Qi-Energie gut zirkulieren kann. Ein großer Schrank in der Nähe der Sitzplätze wirkt erdrückend und paßt nicht zur lockeren Atmosphäre, die im Eßzimmer herrschen soll. Kleinere Möbelstücke wie Abstelltisch oder Anrichte sind möglich und nützlich.

Stellen Sie den Eßtisch in die Mitte des Raums oder in die Nähe des Fensters und nicht zu nahe an die Tür.

Die Größe des geeigneten Eßtisches hängt von der Zahl der Personen ab, die hier normalerweise Platz nehmen. Ein Ausziehtisch mit mehreren Variationsmöglichkeiten bietet den Vorteil, die Tischgröße der Tafelrunde anzupassen. Es stört die Harmonie, wenn nur wenige Personen an einem viel zu großen Tisch sitzen. Achten Sie darauf, daß sich nicht überzählige Stühle im Zimmer befinden, denn sonst entsteht das Gefühl, daß noch Gäste fehlen.

Die Form des Eßtisches ist wichtig. Runde oder ovale Tische eigenen sich am besten. Sie haben den Vorteil einer lockeren Sitzordnung und fördern eine angenehme Unterhaltung. Lange Rechtecke erschweren den Sprechkontakt der Gäste an den äußeren Enden. Die Blickkontakte sollten nicht durch eine zu üppige Dekoration in der Mitte des Tisches gestört werden.

Beleuchtung

Der Eßtisch stellt besondere Anforderungen an die Beleuchtung. Sie sollte an allen Sitzplätzen gleich hell sein. Es kommt auch auf die richtige Höhe der Leuchten an. Beim Essen darf ihr Licht nicht blenden. Es würde allerdings die Kommunikation der Gäste stören, wenn die Lampen genau im Blickfeld hängen. Eine Höhe von 60 cm über der Tischplatte kann als Orientierungshilfe genannt werden.

Die Atmosphäre ist erst perfekt, wenn die Hintergrundbeleuchtung stimmt. Warme Wandleuchten oder Tischleuchten auf der Anrichte sind empfehlenswert.

Im Eßzimmer steht das entspannte Genießen eines Menüs und ein anregendes Gespräch im Mittelpunkt des Geschehens. Deshalb sollten Sie darauf achten, mögliche starke Ablenkungen auszuschließen. Spektakuläre Dekorationen und Gemälde mit grellen Farben würden die Harmonie stören. Stimmungsvolle und dezente Bilder fördern eine entspannte Atmosphäre. Wenn vor dem Fenster zuviel Unruhe herrscht, können Sie den Raum mit einer schweren Gardine abschirmen.

Spiegel

Spiegel erfüllen im Eßzimmer als optische Hilfsmittel eine gute Aufgabe. Sie vergrößern symbolisch die aufgetischten Gerichte und damit den Reichtum der Gastgeber. Außerdem lassen sie das Eßzimmer größer erscheinen.

Alle Maßnahmen, die die Menge und Bewegung der Qi-Energie im Raum steigern sind willkommen. Denn diese verstärkt das Qi in den Speisen, die wir zu uns nehmen, um so unsere Gesundheit zu kräftigen. Topfpflanzen auf der Fensterbank und hohe Zimmerpflanzen mit runden Blättern, die in die Zimmerecken gestellt werden, erfüllen diesen Zweck.

Achten Sie im Eßzimmer besonders auf den Ausgleich der Yin- und Yang-Impulse. Hier ist eine Balance zwischen anregender Ruhe und gedämpfter Aktivität zu finden.

Zu empfehlen sind warme rötliche, beige-braune Farbtöne. Sparsam eingesetzt wirkt Orange appetitanregend.

Wenn Sie für den Eßbereich kein spezielles Zimmer einplanen, sondern ihn in einem anderen Raum, zum Beispiel in dem Wohnzimmer, unterbringen wollen, sollten Sie für eine optische Trennung sorgen.

Maßnahme

Kleine Lampen, die in einer Reihe unter der Decke angebracht werden und senkrecht zum Boden strahlen, ersetzen eine Wand. So werden die beiden Bereiche eines kombinierten Eß- und Wohnzimmers getrennt.

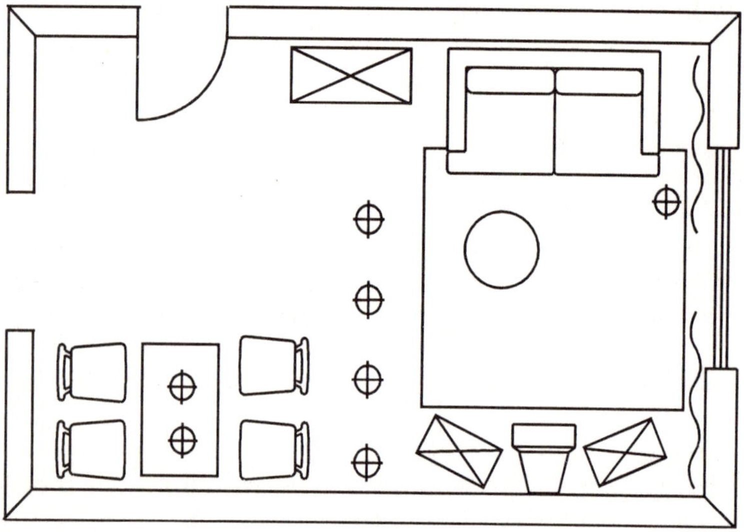

Trennung der Eßecke vom Wohnbereich durch eine Lampenreihe unter der Decke.

Das Kinderzimmer

Weil die Zeit der Kindheit eine besondere Bedeutung für die Entwicklung der Persönlichkeit junger Menschen hat, sollten sich Eltern gründliche Gedanken über die Gestaltung des Kinderzimmers machen. Kinder reagieren oft sehr sensibel auf störende Einflüsse ihrer Umgebung, vor allem auf die energetischen Verhältnisse. Sie benötigen ein förderndes Umfeld mit positivem Qi.

Kinderzimmer erfüllen mehrere Aufgaben: Sie sind nicht nur Schlafzimmer, sondern auch Aufenthaltsort während des Tages und

Spielzimmer mit Lernbereich, in dem die Schulkinder ihren Schreibtisch stehen haben. Wegen dieser verschiedenen Anforderungen sollten Kinderzimmer möglichst nicht zu klein sein. Es wird eine Mindestfläche von 15 qm empfohlen. In sehr großen, fast leeren Räumen fühlen sich Kinder allerdings ungeschützt und verloren.

zweckmäßige Einrichtung

Auf jeden Fall darf das Zimmer nicht mit Möbeln und Spielsachen vollgestellt sein, um stagnierendes Qi zu verhindern. Eine übersichtliche Organisation der Einrichtung fördert die Konzentration und das klare Denken. Beengte Verhältnisse behindern die Entwicklung, denn Kinder benötigen Bewegungsfreiheit in ihrem Raum. Geben Sie Ihrem Kind Freiraum für die Gestaltung seines eigenen Zimmers. So fühlt es sich richtig wohl in seinem Reich und kann seine eigene Identität finden.

Beim Einrichten und Gestalten des Kinderzimmers sollten Sie folgende Feng-Shui-Empfehlungen beachten:

- Wählen Sie als Kinderzimmer einen Raum, in den möglichst viel Tageslicht fällt. Als ideal gilt eine Exposition in östliche und südöstliche Richtung, weil das Zimmer morgens mit Energie für den Tag versorgt wird. Kinderzimmer sollten sich nicht auf der Rückseite der Wohnung oder des Hauses, in der Nähe des Haupteingangs oder in der Mitte befinden.
- Wichtig ist eine gute Beleuchtung. Wegen der vielseitigen Nutzung des Raums ist es zweckmäßig, einen Dimmer zu installieren, der eine stufenlose Regulierung der Helligkeit ermöglicht.
- Sorgen Sie für eine helle und freundliche Einrichtung, damit keine bedrückende Atmosphäre aufkommen kann.
- Eine umsichtige Möblierung ist im Kinderzimmer noch wichtiger als in anderen Räumen. Vermeiden Sie unbedingt Möbelstücke mit scharfen Ecken und Kanten, die geheime Pfeile auf die Kinder richten. Schränke und Tische mit Abrundungen sind auch beim Herumtoben weniger gefährlich.
- Vorteilhaft ist ein höhenverstellbarer Schreibtisch, der „mitwächst“. Plazieren Sie ihn so, daß genügend Tageslicht auf die Tischplatte fällt. Der Schreibtisch sollte aber nicht direkt vor dem Fenster aufgestellt werden, damit das Kind nicht ständig aus dem Fenster schaut und deshalb häufig abgelenkt ist. Wenn der Schreibtisch so im Raum steht, daß man genau auf eine Wand blickt, geht die Motivation verloren. Ideal ist eine Position des Schreibtisches, in der Ihr Kind beim Erledigen der Hausaufgaben sowohl das Fenster als auch die Zimmertür im Blick hat. Um den

Kindern ein Gefühl von Sicherheit zu ermöglichen, stellen Sie den Schreibtisch nicht in der Nähe der Zimmertür auf.

- Das Bett hat eine günstige Position, wenn es mit der Seite und dem Kopfende an einer massiven Wand steht. Achten Sie darauf, daß der Abstand zwischen Bett und Tür sowie Fenster groß genug ist. Über dem Bett dürfen sich keine störende Einrichtungsgegenstände oder Bauteile befinden. Dazu gehören unter anderem Deckenbalken, Dachschrägen, Regale und Lampen.
- Fördern Sie eine beruhigende Atmosphäre durch weiche Auslegeware und fröhliche Bilder. Versuchen Sie es zu verhindern, daß schreckliche Bilder von aggressiven Ungeheuern aufgehängt werden.
- Im Laufe der Zeit wird es zwar nur schwer zu verhindern sein, aber Sie sollten Ihr Kind möglichst lange davon überzeugen, keine Elektrogeräte wie Fernsehgeräte und Computer aufzustellen. Diese Anlagen erzeugen Elektrosmog und eine belastende Raumaufladung.
- Helle Farben wirken im Kinderzimmer anregend. Bedenken Sie, daß zu kräftige Farben den Schlaf stören könnten. Gedämpfte Farben wie getöntes Weiß, Hellblau oder Creme sollten vorherrschen. Die die von Jugendlichen oft gewünschte Farbgebung unterliegt einer schnellen, altersabhängigen Veränderung des Geschmacks.
- Verzichten Sie nicht auf Pflanzen mit runden Blättern, um die Qi-Energie auch im Kinderzimmer anzuheben.
- Von Zeit zu Zeit sollten alte Kleidungsstücke, kaputte und uninteressant gewordene Spielsachen entsorgt werden, um Platz in den Schränken zu schaffen. Auch im Kinderzimmer blockieren unnütze Dinge Raum für neue Entwicklungen.
- Hängen Sie eine Kristallkugel vor dem Fenster auf. Sie verhindert das schnelle Austreten der Qi-Energie und fördert durch ihre Reflexion die Kreativität der Kinder.

Maßnahmen

Wenn Ihr Kind häufig unkonzentriert vor den Hausaufgaben sitzt und sein eigenes Zimmer oft verläßt, ist dies ein Zeichen für schlechtes Feng Shui im Kinderzimmer. Dann sollten Sie die Möglichkeit prüfen, die Möbel unter den oben genannten Gesichtspunkten umzustellen.

Das Studier- und Arbeitszimmer

Der private Rückzugsraum

Sie können sich glücklich schätzen, wenn Sie die Möglichkeit haben, sich ein privates Studier- und Arbeitszimmer einzurichten. Ein solches Zimmer ist besonders nützlich als ungestörter Rückzugsraum, in dem Sie sich je nach Bedarf entspannen oder konzentrieren können. Hier können Sie in Ruhe Ihre privaten Schreibarbeiten erledigen, Pläne für die Zukunft schmieden, Ihren Hobbies nachgehen oder eine Bibliothek einrichten.

Es ist empfehlenswert, das Heimbüro in einem etwas abseits gelegenen, hinteren Teil der Wohnung unterzubringen. So wird die Funktion des Raums als Rückzugsbereich unterstützt.

Das Arbeitszimmer sollte also nicht in der Nähe des Eingangs liegen. Dadurch würde zuviel Energie in diesen Bereich gelenkt, mit der Folge, daß das Wohnzimmer und die Küche im Verhältnis zu ihrer Bedeutung unterversorgt sind. Außerdem zieht das Arbeitszimmer bei dieser Anordnung zuviel Aufmerksamkeit und Aktivitäten an. Sie würden andere Freizeitbeschäftigungen oder das Familienleben vernachlässigen und gleichzeitig wenig Ruhe in dem Zimmer bekommen.

Maßnahmen

Ist diese Situation aus baulichen Gründen nicht zu vermeiden, sollten Sie den Energiefluß an der Tür zum Arbeitszimmer vorbeileiten. Hängen Sie zum Beispiel eine Kristallkugel strategisch in Kopfhöhe zwischen Wohnungseingang und Arbeitszimmer auf. Man kann die Energie auch durch eine Reihe von Leuchten, die an einer geschwungenen Schiene unter der Flurdecke angebracht sind, in eine andere Richtung lenken.

Außerdem können Sie ein attraktives Bild oder eine besondere Skulptur so aufstellen, daß die Aufmerksamkeit von der Heimbürotür weggelenkt wird.

Die Tür zum Arbeitszimmer sollte immer geschlossen bleiben.

Die Qualität der Gestaltung reflektiert die Bedeutung, die Sie diesem Raum geben. Eine aufwendige Einrichtung als „Verwaltungszentrale des Haushalts“ ist eventuell übertrieben, aber vermeiden Sie auf jeden Fall, daß das Zimmer ein vollgestopfter Abstellraum wird. Das Arbeits- und Studierzimmer, das seiner Aufgabe gerecht werden soll, muß genügend Platz bieten und eine persönliche Note seines Benutzers zeigen.

Stellen Sie die Möbel so auf, daß die Mitte frei bleibt. So kann die Qi-Energie gut zirkulieren und Ihre Inspirationen fördern. Sorgen Sie für gemütliche Sitzmöbel und gute Beleuchtung.

Wie in jedem Büroraum sollte der Schreibtisch so stehen, daß Sie beim Arbeiten mit dem Rücken zur Wand sitzen und dabei auf die Tür und das Fenster blicken können.

Auch im Privatbüro ist es wichtig, Ordnung zu halten, wenn Sie sich auf bestimmte Aufgaben konzentrieren wollen. Verstauen Sie Akten und Papiere nach getaner Arbeit in Ordnern und Ablageboxen. Stellen Sie diese in einen geschlossen Schrank mit gerundeten Kanten, der nicht so groß ist, daß er erdrückend wirkt.

Bücherregale, die bis zum Rand mit Büchern vollgestopft sind, blockieren den Qi-Fluß. Lassen Sie Lücken zwischen den Büchern und stellen Sie auch dekorative Gegenstände wie Vasen in die Regale. Die dicken Bücher sollten Sie unten verstauen und die oberen Bretter locker bestücken.

Hilfsmittel

Die Motive der Bilder, die Sie im Arbeitszimmer aufhängen, können Ihre Tätigkeit unterstützen. Darstellungen weiter Landschaften fördern zum Beispiel das Meditieren, und Bilder von Flüssen und Bergen regen die Kreativität an. Das Arbeitszimmer eignet sich sehr gut, um durch Fotos, Bilder oder Modelle Ihre Begeisterung für Ihr Hobby darzustellen.

Vergessen Sie nicht, große, gut gedeihende Zimmerpflanzen aufzustellen. Sie sorgen für ein gutes Feng Shui durch sanft fließendes Qi und absorbieren den Elektrosmog, den Ihr Computer produziert.

Für die Farbgebung des Arbeitszimmers werden Grüntöne empfohlen. Sie wirken beruhigend für Menschen, die viel lesen und schreiben.

Rote Akzente sollten sparsam eingesetzt werden, damit man nicht zu nervös wird. Wenn Sie in Ihrem Arbeitszimmer Tätigkeiten planen, die Kreativität erfordern, sind Gelbtöne als Impulsgeber zu empfehlen.

Bad und Toilette

Das Bad und die Toilette sind besonders heikle Bereiche unserer Wohnungen und Häuser. Sie dienen der Reinigung und Entsorgung. An diesen Orten, an denen schmutziges Wasser weggespült wird, entsteht negative Sha-Energie. Außerdem führt die erhöhte Luftfeuchtigkeit in diesen Räumen zur Gefahr der Qi-Stagnation und Fäulnis.

Seit vielen Jahrhunderten werden Toiletten in die südwestlichen Ecken der chinesischen Häuser oder Dörfer verbannt. Die Asiaten glauben, daß die Toiletten vom Wenshen verflucht und behütet werden, dem Geist der Pest und Seuchen.

unauffällige Lage

Die Toilette sollte möglichst unauffällig gelegen und gestaltet sein. Als Rückzugsstätte, an der man ungestört sein möchte, empfiehlt sich eine Position abseits der Hauptaktivitäten Wohnen, Kochen und Essen. Ideal ist eine Lage am Ende eines Flures weit entfernt von der Haus- oder Wohnungstür. Wenn sich die Toilette am Eingang befindet, besteht die Gefahr, daß ein großer Teil der hereinkommenden positiven Energie durch den Abfluß entweicht.

Eine Lage in der Mitte der Wohnung ist sehr ungünstig, weil sich die negative Energie so auf alle Bereiche unter anderem mit gesundheitlichen Problemen auswirken kann. Liegt das WC in den Ba-Gua-Feldern „Reichtum" und „Karriere", werden alle Chancen und Geld symbolisch weggespült.

Maßnahme

Oft ist ein Umbau zu aufwendig, um das Bad an eine günstige Stelle des Grundrisses zu verlegen.

Wenn sich die Toilette an einer exponierten Stelle der Wohnung befindet, zum Beispiel direkt hinter der Eingangstür, sollten Sie die Aufmerksamkeit von der WC-Tür wegleiten.

Strategisch aufgestellte Paravents, große Pflanzen oder Skulpturen haben eine abschirmende Wirkung. Wenn die Qi-Energie durch die Toilette zu entweichen droht, sollten Sie einen Ba-Gua-Spiegel in Augenhöhe von außen an der Toilettentür anbringen. Er reflektiert das Qi und verhindert so das Entweichen.

Idealerweise ist die Toilette nicht zu groß. Sie wird möglichst in einem vom Bad getrennten Raum untergebracht.

Maßnahme

Wenn Bad und Toilette zusammengelegt wurden, sollten Sie das Toilettenbecken durch einen Vorhang oder eine leichte Trennwand abschirmen. So wird die negative Energie, die hier entsteht, zurückgehalten. Außerdem ist es angenehmer, im WC-Bereich einen Sichtschutz zu haben.

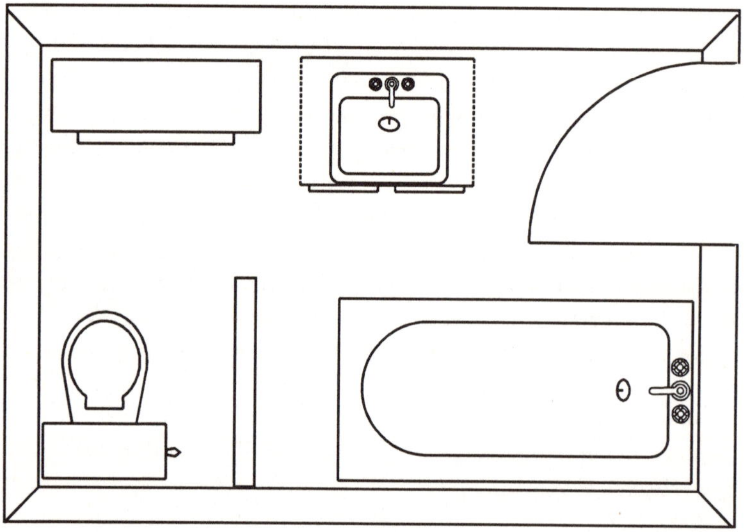

Trennwand neben dem WC-Becken.

Halten Sie die Toilettentür und den WC-Deckel möglichst immer geschlossen. Dadurch wird verhindert, daß ein großer Teil der Hausenergie durch den Abfluß entweicht.

Wenn Sie das Feng Shui in Ihrem Badezimmer verbessern wollen, sollten Sie folgende Punkte beachten:

- Sorgen Sie dafür, daß das Bad gut belüftet wird. Deshalb ist ein Fenster, das man leicht öffnen kann, praktisch unverzichtbar.
- Das Badezimmer sollte gut beleuchtet werden. Helles Licht wirkt gegen die negative Sha-Energie der Naßzelle. Installieren Sie deshalb helle Lampen und Wandstrahler, die auch die dunklen Ecken ausleuchten. Vermeiden Sie aber grelles und kaltes Licht. Viel

Tageslicht und gute Belüftung sind die besten Voraussetzungen für gutes Feng Shui im Bad.

- Halten Sie das Badezimmer gründlich sauber. Bevorzugen Sie glatte Oberflächen wie Fliesen, Keramik, Marmor usw., die leicht zu reinigen sind. Zusammen mit Glasregalen verstärken diese Materialien die Yang-Impulse, die der Stagnation entgegenwirken.
- Aus demselben Grund sind Holz- und Teppichböden ungeeignet. Fliesen oder Linoleum können Sie besser sauber halten. Keramikfliesen werden dem Element Erde zugerechnet. Nach der Lehre der Fünf Elemente können sie das im Bad dominierende Wasserelement ausgleichen.
- Stellen Sie keine alten Möbelstücke in das Bad, und vermeiden Sie schwere Vorhänge. Diese Gegenstände nehmen leicht Feuchtigkeit auf und fördern so die Stagnation.
- Plazieren Sie die Badewanne so, daß Sie beim Baden die Tür im Auge behalten können.
- Eine große Pflanze mit vielen, runden Blättern ist im Badezimmer nicht nur dekorativ, sondern verbessert auch die Raumatmosphäre. Achten Sie darauf, daß die Pflanze Ihrer Wahl die feucht-warme Luft gut verträgt.
- Zarte Farben sorgen für Harmonie. Verwenden Sie getöntes Weiß oder Pastelltöne der Farben Grün und Rosa. Auch Schwarz kann im Bad eingesetzt werden. Spezielle Farbakzente lassen sich durch die Vorhänge und die Handtücher erzielen.
- Im Bad sind Spiegel praktisch und vorteilhaft. Sie beschleunigen den Energiestrom, der hier zur Stagnation neigt. Vermeiden Sie auf jeden Fall Spiegel, die aus vielen Spiegelfliesen bestehen. Sonst würden Sie ständig ein zerstückeltes Spiegelbild von sich sehen. Außerdem entsteht ein Netzeffekt, der den Geldfluß im Haushalt stoppt. Der richtige Badezimmerspiegel zeigt Ihren ganzen Oberkörper. Es ist wichtig, den Spiegel regelmäßig gründlich zu reinigen.

Maßnahmen

Wenn Ihr Bad kein Außenfenster hat und schlecht belüftet werden kann, sollten Sie Hilfsmittel einsetzen, um das Energieniveau anzuheben. Neben guter Beleuchtung empfehlen wir Ihnen, ein Mobile oder eine Kristallkugel in einer freien Ecke aufzuhängen.

Bürogebäude und Büroräume

Eine günstige Feng-Shui-Situation ist in der eigenen Wohnung viel wichtiger als am Arbeitsplatz. Aber auch dort sollten Sie versuchen, eine vorteilhafte und angenehme Gestaltung zu finden, zumal wir bis zu vierzig Stunden oder mehr in der Woche dort verbringen.

Arbeitsplatzgestaltung

Die Unternehmen sollten eigentlich ein ganz besonders Interesse an der positiven Arbeitsplatzgestaltung haben, weil diese die Motivation und Leistungsfähigkeit ihrer Mitarbeiter ungeahnt fördern kann. Die Atmosphäre in den Büros und Geschäftsräumen ist ein zentraler Faktor für den Erfolg eines Unternehmens. Sie selbst können mit teilweise einfachen Feng-Shui-Maßnahmen am Arbeitsplatz Ihren Erfolg im Beruf fördern.

Für Bürogebäude gilt dasselbe wie für Wohngebäude: Das Qi sollte möglichst ungehindert in das Gebäude und durch alle Räumlichkeiten fließen können. Bei der Planung neuer Gebäude muß deshalb auf einen günstigen Standort geachtet werden. Man meidet Grundstücke am Ende einer Sackgasse oder solche, auf die eine Straße direkt zuläuft. Die so kanalisierten Energien sind zu stark und negativ. Unternehmen sollten darauf achten, daß Gebäude der Nachbarschaft, bedingt durch ihre Architektur (scharfe Ecken und Kanten) oder Ausrichtung, keine aggressiven Sha-Pfeile auf das eigene Grundstück richten. Es ist eine ungünstige Situation, wenn ein Bürogebäude viel kleiner ist als die benachbarten Blöcke. Durch den Schattenwurf der hohen Gebäude geht ein Teil der Qi-Energie verloren. Außerdem werden Geschäftspartner dazu neigen, die Bedeutung des Unternehmens zu gering einzuschätzen, wenn es in einem vergleichsweise kleinen Gebäude sitzt. In einer anderen Umgebung kann dieser Eindruck vermieden werden. Die Ausrichtung und Gestaltung des Haupteingangs ist von großer Bedeutung. In der nördlichen Hemisphäre gilt der Süden als beste Richtung, wenn es keine Einschränkungen durch geographische Gegebenheiten gibt. Die besondere Ausprägung des Qi im Süden fördert das Interesse für die Aktivitäten des Unternehmens. Zeigt die Vorderfront des Gebäudes in eine ungünstige Richtung, kann man dem Eingang mit Hilfe eines Vorbaus eine bessere Ausrichtung geben.

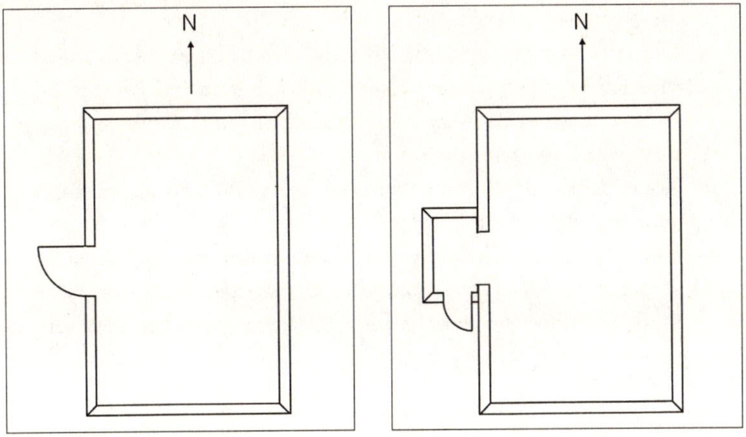

Veränderung der Eingangsrichtung durch Vorbau.

Ein Springbrunnen vor oder im Eingangsraum wirkt sich positiv auf den finanziellen Geschäftserfolg des Unternehmens aus. Büsche und Bäume neben dem Eingang erhöhen das Qi-Aufkommen.

Eingangsbereich

Der Eingangsbereich sollte nicht zu sehr aus dem Rahmen des gesamten Gebäudes fallen. Dies betrifft sowohl das Größenverhältnis – ein großer Eingang für ein kleines Bürogebäude ist schlecht – als auch die verwendeten Baumaterialien. Marmor und Chrom im Eingangsbereich sind unpassend, wenn das Gebäude ansonsten sehr schlicht gehalten ist. Ist der Eingangsraum zu klein geraten, kann man ihn mit einem Spiegel optisch vergrößern. Der Eingangsbereich eines Geschäftsgebäudes sollte freundlich und einladend wirken. Auf dem Weg zu den verschiedenen Servicestellen dürfen keine Hindernisse stehen, zum Beispiel Sitzgruppen, die man umrunden muß.

Befindet sich im Vorraum eine Informations- oder Empfangsstelle, darf sich diese nicht auf direkter Linie mit der Eingangstür befinden. Der Tresen sollte auf jeden Fall keine geraden Kanten, sondern eine geschwungene Form haben, weil diese Form einladender wirkt.

Drehtüren haben den Vorteil, daß sie den Qi-Fluß erhöhen und in Bewegung halten.

Für die Anordnung der Büroräume gibt es mehrere Regeln:

- Richten Sie keine Büroräume am Ende eines langen Flurs ein. Der Gang erzeugt negative Sha-Energie, die auf diesen Raum gerichtet ist, so daß hier ein fruchtbares Arbeiten kaum möglich ist.
- Die Türen der Büroräume sollten nicht direkt zu Fahrstühlen und Rolltreppen führen. Diese Anlagen sind bei Feng-Shui-Experten berüchtigt, weil sie im übertragenen Sinn Geld aus dem Haus schaufeln können.
- Auch Büroräume, die gegenüber von Toiletten liegen, sind sehr ungünstig.
- Gegenüberliegende Bürotüren an einem Korridor sollten nicht versetzt, sondern genau aufeinander ausgerichtet sein, weil sonst Spannungen zwischen den Kollegen entstehen könnten.

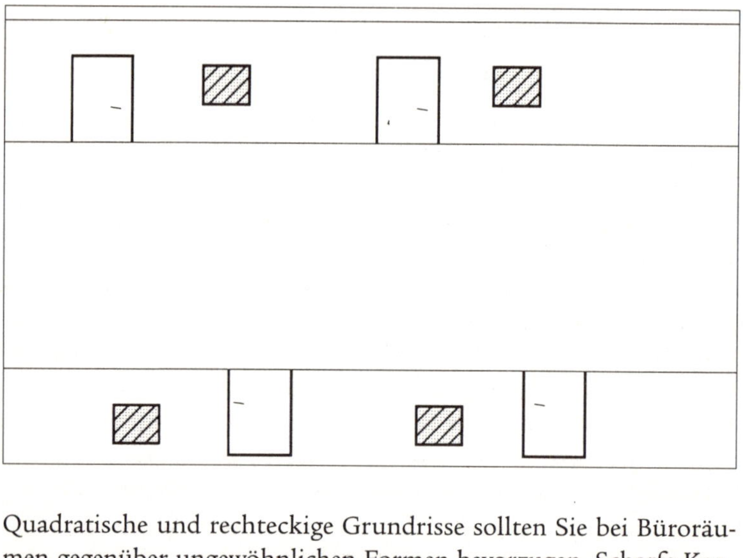

Versetzt angeordnete Türen an einem Korridor. Bilder, die gegenüber den Türen angebracht werden, stellen Symmetrie her.

Quadratische und rechteckige Grundrisse sollten Sie bei Büroräumen gegenüber ungewöhnlichen Formen bevorzugen. Scharfe Kanten und vorspringende Ecken müssen vermieden oder mit Hilfsmitteln wie Topfpflanzen entschärft werden.

Stellen Sie die Pflanzen in den Büroräumen so auf, daß sie ein Schutzschild gegen die von diesen Stellen ausgehenden geheimen Pfeile bilden.

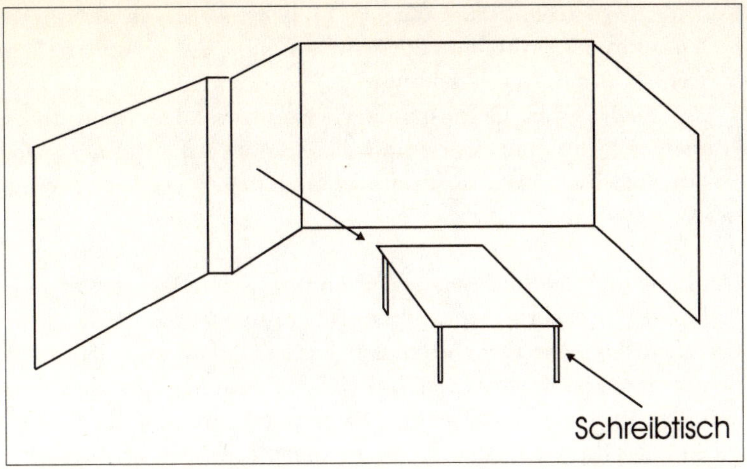

Achten Sie darauf, daß eine vorspringende Ecke nicht auf Ihren Schreibtisch zielt.

Geschäftsführer

Dem Büro des Geschäftsführers muß besondere Aufmerksamkeit gewidmet werden, weil der Erfolg des Unternehmens entscheidend von seiner Feng-Shui-Situation beeinflußt wird. Gut geeignet sind Räume, die sich möglichst weit entfernt vom Eingang in der diagonal gegenüberliegenden Ecke befinden. In dieser strategischen Position hat der Chef den ganzen Grundriß im Blick und behält so Kontrolle über seinen Betrieb. Ideal ist die Nordwest-Ecke, in der Führungs- und Organisationsaufgaben gefördert werden.

Beim Geschäftsführer muß aus Status-Gründen alles größer sein als bei den Untergebenen: Der Büroraum und der Schreibtisch. Die Größe der Büroräume und Schreibtische der Mitarbeiter sollte ebenfalls ihrer Stellung im Unternehmen entsprechen.

Mitarbeiter

Es ist vorteilhaft, bei den Abmessungen der Schreibtische und anderen Büroeinrichtungen wie Aktenschränke und Stühle die glückbringenden Maße zu beachten. Günstige Längen können Sie mit einem Feng-Shui-Maß feststellen.

Achten Sie darauf, daß Regale und Aktenschränke keine Kanten und Ecken haben, die auf denjenigen zielen, der am Schreibtisch arbeitet.

Es ist vorteilhaft, wenn die Raumqualität mit dem Element derjenigen Person übereinstimmt, die hier arbeitet. Mit der Art der Dekorationen, die auch für eine Auflockerung der Atmosphäre sorgen, können Sie die Qualität Ihrer Büroumgebung wesentlich beeinflussen. So würde zum Beispiel ein Quarzkristall am Arbeitsplatz eines Angestellten, der Erde als persönliches Element hat, gut passen. Bei

Konflikten zwischen Raum-Element und Grundelement des Mitarbeiters sollten vermittelnde Elemente im Sinne der schöpferischen Sequenz in das Büro gebracht werden.

Und auch private Gegenstände wie Familien- oder Urlaubsfotos können sich auf Ihre Arbeit und die gesamte Arbeitsatmosphäre positiv auswirken, weil sie an die schönen Seiten des Lebens erinnern.

Fallbeispiel

Der Berliner Feng-Shui-Berater Dr. Andreas Schoeck berichtet vom Fall einer Inhaberin eines Personalberatungsbüros. Nach dem Umzug in ein neues Büro fühlte sich die Geschäftsfrau seit längerem demotiviert. Der Berater empfahl, den Schreibtisch umzustellen und eine rote Vase auf ihn zu stellen. Er hatte erkannt, daß die Raumqualität des Büros Metall und das persönliche Element der Beraterin Erde war. Nach der Lehre der Fünf Elemente wird Erde durch Metall Energie entzogen. Die rote Vase ist dem Element Feuer zuzuordnen, das das Element Erde energetisch fördert. Bereits nach dieser relativ einfachen, aber sehr wirksamen Maßnahme fand die Geschäftsfrau ihre alte Leistungsfähigkeit wieder.

Der Schreibtisch

Die Plazierung des Schreibtisches im Büroraum ist ein zentrales Feng-Shui-Kriterium. Beachten Sie möglichst folgende Regeln:

- Stellen Sie den Schreibtisch nicht in die Linie von Tür und Fenster. In dieser Position würden Sie in einem Energie-Durchzug sitzen.
- Sitzen Sie nicht mit dem Rücken zur Tür oder zum Fenster, weil Ihnen dann die Unterstützung durch Kollegen fehlen wird.
- Es ist wichtig, daß Sie die Tür immer im Blick haben, während Sie am Schreibtisch sitzen.
- Der Schreibtisch sollte nicht direkt am Fenster stehen. Der häufige Blick aus dem Fenster kann Sie von der Arbeit ablenken. Außerdem besteht die Gefahr, daß zuviel Sonnenlicht auf die Arbeitsfläche fällt. Dies beeinträchtigt Ihre Leistungsfähigkeit.
- Es ist außerdem vorteilhaft, wenn die Längsachse des Schreibtisches parallel zu einer Zimmerwand verläuft.

Maßnahmen

Stellen Sie Ihren Schreibtisch so auf, daß Sie mit dem Rücken zur Wand sitzen und die Tür und das Fenster im Blick haben. Diese Position gibt Ihnen ein Gefühl von Sicherheit und Übersicht.

Haben Sie keine Möglichkeit, Ihre Schreibtisch umzustellen, können Sie einen Spiegel zu Hilfe nehmen, um so die Tür im Auge zu haben.

Die beste Position befindet sich im Ruhm- oder Karriere-Sektor des Ba Gua, weil hier Ihre Inspiration sowie gute Entscheidungen gefördert werden.

Schreibtisch

Bei der Position Ihres Schreibtisches kommt es auch auf die Lichtverhältnisse an. Es sollte kein störender Schatten auf die Arbeitsfläche fallen. Das heißt, bei einem Rechtshänder muß das Licht von links oder vorne/oben kommen, damit die schreibende Hand keinen Schatten wirft.

Günstig wirken in der Regel massive Schreibtische, die aus Holz bestehen. Metall- oder Glastische mit ihren spiegelnden Oberflächen stören die Kopfarbeit durch ihre ungünstigen Schwingungen. Wegen zu starker beziehungsweise fehlender Kontraste zum Papier sind weiße oder schwarze Oberflächen problematisch.

Bei Ihrer Einrichtungsplanung sollten Form und Größe der Schreibtische besondere Beachtung finden. Geschwungene Formen fördern kreative Tätigkeiten, und rechteckige Schreibtische eignen sich besonders gut für kaufmännische Arbeiten.

Der Schreibtisch muß genügend Fläche für die Arbeitsvorgänge bieten, darf aber nicht zu groß sein, weil die verschiedenen Arbeitsgeräte wie das Telefon sonst nicht leicht greifbar sind.

Sie können das Ba-Gua-Raster auch auf Ihre Schreibtischplatte anwenden. Direkt am Sitzplatz befindet sich die Karriere-Zone. Die Dinge, die auf dem Schreibtisch stehen, bekommen so je nach Plazierung eine spezielle Bedeutung. Stellen Sie das Familienfoto in den Bereich „Familie“. Wenn Ihre Außenkontakte vor allem der Informationsbeschaffung dienen, sollten Sie Ihr Telefon in den Bereich „Wissen“ stellen.

Gestaltung eines Büros nach Feng-Shui-Kriterien.

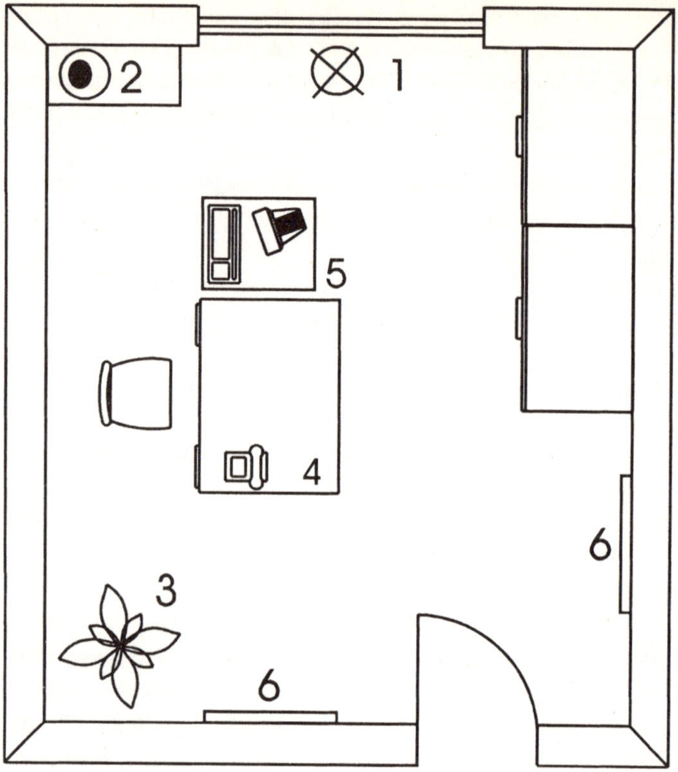

Ihr Schreibtisch sollte so im Raum stehen, daß Sie beim Arbeiten Tür und Fenster im Blick haben. Eine Kristallkugel (1) vor dem Fenster verhindert einen schnell Qi-Durchfluß. Ein Zimmerspringbrunnen (2) und eine große Zimmerpflanze (3) verbessern die Raumatmosphäre. Das Telefon (4) ist griffbereit und steht im Bereich „Hilfreiche Freunde" des Ba-Gua-Rasters für den Schreibtisch. Der Computer (5) steht auf einem Computertisch, so daß er den Schreibtisch nicht blockiert. Die Bilder an der Wand (6) geben Ihnen Motivation für laufende Projekte.

Telefon

Das Telefon muß leicht erreichbar und so plaziert sein, daß man beim Telefonieren genug Bewegungsfreiheit hat. Bei senkrechter Rückenhaltung wird der Energiefluß zwischen Erde und Himmel ermöglicht, so daß das positive Kommunizieren gefördert wird.

Computer

Auch wenn Sie einen Computer-Arbeitsplatz haben, sollten sie die Tür sehen können, um unterschwellige Anspannungen zu vermeiden. Sie können einen kleinen Taschenspiegel seitlich am Bildschirm befestigen, um die Tür im Auge zu haben. Bei Computerarbeitsplätzen ist für eine gute Beleuchtung der Tastatur zu sorgen.

Durch Computer und andere elektronische Geräte wird die Luft durch Ionen positiv aufgeladen, was ermüdend wirkt. Salzkristall-Lampen und kleine, sprudelnde Zimmerbrunnen sorgen für negative Ionisierung und damit für Ausgleich. Auch große Zimmerpflanzen, vor allem Zimmerpalmen und Schwertlilien, absorbieren unerwünschte elektronische Aufladungen.

Die elektrischen Kabel, die für den Computer, das Telefon usw. erforderlich sind, sollten verdeckt verlegt werden.

Organisation

Sorgen Sie in Ihrem Büro für eine effiziente Organisation. Ein übersichtliches Ablagesystem hilft, den Überblick zu behalten. Legen Sie die erledigten Vorgänge sofort ab. Unordnung auf dem Schreibtisch lenkt ab und behindert Sie bei einem konzentrierten Arbeiten.

Farben

Die Wahl der Farbe in den Büroräumen kann mit dem Element der entsprechenden Mitarbeiter korrespondieren. Ansonsten werden Blautöne zur Beruhigung und Grüntöne gegen Streß empfohlen. Moos-Grün eignet sich für Räume mit Computerarbeitsplätzen, weil es hilft, Ihre Augen zu entspannen. Impulsgebende Gelbtöne unterstützen geistig aktive Mitarbeiter. In den Bereichen mit Publikumsverkehr sollten dezente Farbtöne gewählt werden. Grelle oder starke Farben könnten Besucher und Kunden verstimmen.

Großraumbüros

In Großraumbüros kommt es auf eine sorgfältige Anordnung der Schreibtische an, um zu vermeiden, daß scharfe Ecken und Kanten die Kollegen bedrohen. Der Qi-Fluß sollte nicht durch zu enge oder versetzte Plazierungen behindert werden. Eine großzügige Anordnung der Arbeitsbereiche ist vorteilhaft. Eine gute Beleuchtung aller Teile des Raums ist wichtig. Pflanzen verbessern die Atmosphäre und erzeugen positive Qi-Energie. In einem turbulenten Großraumbüro ist es hilfreich, wenn Sie sich einen persönlichen Bereich definieren, an den Sie sich innerlich zurückziehen können. Diese Abgrenzung ist z. B. mit Hilfe einer hohen Pflanze oder eines kleinen Paravents möglich.

Der ungünstigste Arbeitsplatz befindet sich direkt neben der Tür eines Großraumbüros. Man wird hier von den hereinkommenden und hinausgehenden Kollegen gestört und gleichzeitig unbewußt als untergeordnete Kraft betrachtet. In dieser Situation kann man sich mit einem geeigneten Hilfsmittel abschirmen oder durch einen größeren, farbigen Gegenstand Beachtung wecken. Ein kleines, leises Klangspiel fördert Qi am Arbeitsplatz und hebt die eigene Bedeutung.

Geschäftsräume

Umsatzförderung

Für Ladengeschäfte gelten ähnliche Regeln wie für Firmengebäude: Guter Qi-Fluß fördert die Umsätze, Sha-Pfeile behindern den unternehmerischen Erfolg. Ein Laden am Ende einer langen Passage in einem Einkaufszentrum hat eine ungünstige Situation. Zwar scheinen alle Käufer direkt auf den Laden zuzulaufen, aber durch den langen Gang überwiegen die negativen Einflüsse.

In einer Zeile von Läden bekommt derjenige Inhaber Probleme, dessen Ladenfront deutlich kleiner ist als die der anderen. Die Verbreiterung der Schaufenster bringt Vorteile für das Geschäft.

Gleißendes Sonnenlicht, das durch das Schaufenster in den Laden fällt, ist als extremer Yang-Impuls von Nachteil und kann finanzielle Verluste bringen. Als Gegenmaßnahmen sind spezielle Glasscheiben oder Vorhänge denkbar, die die Sonnenstrahlen reflektieren oder absorbieren.

Das Verkaufspersonal sollte die Tür im Auge haben, um potentielle Kunden begrüßen zu können. Bei der Gestaltung von Verkaufsräumen muß man darauf achten, daß die Warentische nicht auf die Eingangstür zielen. Die so entstehenden geheimen Pfeile greifen potentielle Kunden an, die unbewußt zurückweichen werden.

Kasse

Sehr wichtig ist die richtige Plazierung der Kasse. Man sollte sie nicht unmittelbar am Eingang und nicht in der Türlinie aufstellen, sondern seitlich in einem Winkel. Auf jeden Fall muß vermieden werden, daß Sha-Pfeile die Kasse angreifen. Da sich der geschäftliche Erfolg zuerst in der Kasse bemerkbar macht, gibt es für diese Stelle mehrere fördernde Feng-Shui-Maßnahmen. Experten empfehlen zum Beispiel, ein Klangspiel über der Kasse anzubringen, um so den Qi-Fluß in Schwung und das Geld ins Rollen zu bringen. Wenn man einen Spiegel neben der Kasse anbringt, wird das kassierte Geld auf symbolische Weise verdoppelt. In den Geschäftsräumen ist eine gute Beleuchtung wichtig, damit mehr Qi in den Laden fließen kann. Vermeiden Sie dunkle Ecken, in denen das Qi stagniert.

Beleuchtung

Ein Aquarium mit gesunden Goldfischen und vitalen Pflanzen stimuliert den Qi-Fluß und kann so die Geschäfte fördern. Der Geschäftsführer sollte dafür sorgen, daß sich ein Mitarbeiter regelmäßig um die Pflege kümmert. Ein vernachlässigtes Aquarium und vertrocknete Pflanzen verbreiten eine schlechte Atmosphäre und beeinträchtigen auf diese Weise die Geschäfte.

Verkaufsräume

Es ist wichtig, Verkaufsräume nicht nur oberflächlich sauber zu halten. Glatte Oberflächen, die regelmäßig gereinigt werden, fördern einen flotten Qi-Fluß und damit den Verkauf. In Geschäftsräumen mit Publikumsverkehr ist es angebracht, Extreme zu vermeiden: sowohl Lärm als auch Totenstille wirken sich negativ aus. Eine leise, stimulierende Klangkulisse hält die Qi-Energie in Bewegung und beschwingt Mitarbeiter sowie Kunden. Ebenso wichtig ist eine gute Belüftung der Räumlichkeiten, um den Qi-Fluß in Gang zu halten.

Viele chinesische Geschäftsleute verwenden Glücksbringer, die ihnen hohe Umsätze bescheren sollen. Zum Beispiel werden häufig acht Münzen mit einem roten Band zusammengebunden und an die Wand gehängt. In vielen Geschäften stehen Figuren des lachenden Buddha. Es soll geschäftlichen Erfolg bringen, wenn man täglich seinen Bauch streichelt. Allerdings hat diese Art von Talisman wenig mit Feng Shui zu tun.

Element	Farbe	Geschäftstätigkeit
Erde	Braun, Gelb	Landwirtschaft, Bauindustrie
Holz	Weiß, Grün, Dunkelgelb	Holzverarbeitung, Planungsbüros, Restaurants, Krankenhäuser
Feuer	Rot, Goldgelb	Handelsfirmen, Modebranche, Schulen, Bibliotheken
Metall	Ocker, Weiß, Purpur, Rosa	Juweliere, Metallverarbeitung, Banken, Geschäftshäuser, Agenturen
Wasser	Schwarz, Blau	Werbung, Medien, Elektrotechnik, Brauereien

Hinweise und Informationen für Ratsuchende

Anlaufstellen

Wenn Sie die Möglichkeiten der harmonischen Raumgestaltung in Ihrer Wohnung oder am Arbeitsplatz optimieren möchten, können Sie im nächsten Schritt entweder ein Feng-Shui-Seminar besuchen, oder aber einen Feng-Shui-Berater zu Rate ziehen.

Seminarangebot

Das Kursangebot ist inzwischen sehr umfangreich geworden. Es gibt Grundlagenseminare für Anfänger, die Ihnen parallel zur Buchlektüre theoretische und praktische Kenntnisse vermitteln. Nach dem Kurs sollten Sie in der Lage sein, kleinere Feng-Shui-Probleme selbständig lösen zu können.

Vertiefungs- und Aufbauseminare verfeinern die bereits erlernten Arbeitstechniken, so daß Sie danach auch selbst kompliziertere Probleme effektiv angehen können.

Wenn Sie Freude an der Materie gefunden haben und Ambitionen haben, sich selbst zum Feng-Shui-Berater ausbilden zu lassen, können Sie dies in speziellen Schulungsprogrammen erlernen.

Wenn Sie das Feng Shui Ihrer Wohnung verbessern wollen, selbst aber keine Zeit oder Lust haben, sich intensiv mit den Regeln des Feng Shui zu beschäftigen, sollten Sie eine/n Feng-Shui-Berater/in um Rat bitten.

Eine individuelle Beratung ist oft dann von Nutzen, wenn man für bestimmte Probleme in den Lebensbereichen keine Lösung gefunden hat, oder wenn man seine persönliche Lebenssituation optimieren möchte.

Auch wenn Ihnen Ihre gegenwärtige Wohnsituation großes Mißbehagen bereitet, müssen Sie nicht unbedingt gleich in eine neue Wohnung ziehen. Bitten Sie zunächst einen Feng-Shui-Berater, Ihre Wohnung zu analysieren und Ihnen Empfehlungen für ein besseres Feng Shui zu geben.

Seit etwa fünf Jahren ist die Zahl der Berater im deutschsprachigen Raum stark gestiegen, bedingt durch die gewachsene Popularität der Feng-Shui-Lehre. Ihre Zahl ist inzwischen weit größer als 300. Im Feng-Shui-Bereich gibt es viele Aktivitäten wie die Veranstaltung nationaler und internationaler Kongresse sowie die Organisation eines Netzwerks.

Seriosität der Berater

Die Qualifikation der Berater weist ein sehr unterschiedliches Niveau auf. Da es aktuell für die Berufsbezeichnung noch keine Schutzvorsdchriften gibt, kann sich zur Zeit jeder "Feng-Shui-Berater" nennen. Deshalb sollten Sie sich über das Profil des Feng-Shui-Experten vorab gut informieren, bevor Sie sich für ihn als Ihren persönlichen Berater entscheiden.

Fragen Sie unbedingt nach der Dauer seiner Ausbildung sowie nach seinen Lehrern. Eine gute Voraussetzung ist eine mindestens zweijährige Ausbildung bei einem der renommierten Lehrer wie William Spear, Derek Walters, Roger Green, Jes T. Y. Lim, Ilse Renetzeder oder chinesischen Meistern. Erkundigen Sie sich auch nach der Dauer seiner bisherigen Beratertätigkeit sowie nach eventuellen Referenzen. Die Kenntnis von Feng-Shui-Techniken allein macht nämlich noch lange keinen guten Berater aus. Es ist viel Intuition und Verständnis für die komplexen Wirkungszusammenhänge erforderlich. In einem persönlichen Gespräch sollten Sie herausfinden, ob er oder sie genügend Einfühlungsvermögen und Erfahrung für Ihre speziellen und persönlichen Probleme mitbringt.

Einen großen Einfluß auf dem Feng-Shui-Gebiet hat Prof. Jes Lim, der schon viele Berater in Deutschland ausgebildet hat. Er ist der Hauptvertreter der Qi-Mag-Richtung, die in Deutschland inzwischen die größte Bedeutung hat.

Das Angebot der Feng-Shui-Berater umfaßt je nach Spezialisierung:

- Beratung beim Kauf von Grundstücken und Bauplätzen
- Planungsberatung beim Neubau (Baubetreuung) und architektonische Leistungen
- Unterstützung beim Kauf von Immobilien
- Planungshilfe beim Umbau
- Haus- und Wohnungsanalyse
- Beratung bei der Gartengestaltung
- Untersuchung von Arbeitsplätzen
- Geschäftsberatung

Qi-Mag Feng Shui ist die umfangreichste Schule und kombiniert unterschiedliche traditionelle Methoden mit westlichen Ansätzen und neu entwickelten Techniken. Derek Walters und seine Schüler vertreten eine vor allem astrologisch ausgerichtete Lehre.

Es ist sehr vorteilhaft, wenn der Berater eng mit Baubiologen, Architekten und Handwerkern zusammenarbeitet. Wenn er Ihnen zu Umbaumaßnahmen rät, sollte er Ihnen auch die Höhe der zu erwartenden Kosten nennen können, denn diese sollten immer in einem vernünftigen Verhältnis zum erwünschten Ergebnis stehen.

Nachbarfelder

Je nach beruflicher Vorbildung oder Ausrichtung der Berater können Aspekte der Geomantie, Radiästhesie, Geobiologie, Baubiologie oder architektonischen Ausführung stärker betont werden. Die Übergänge von der Feng-Shui-Lehre zu diesen Nachbarfeldern sind fließend.

Fernberatung

Viele Experten bieten eine Fernberatung an, wenn Sie ihnen den Grundriß Ihrer Wohnung und Fotos zuschicken. In der Regel sollten Sie aber Untersuchungen vor Ort vorziehen, weil dem Experten sonst wichtige Details entgehen könnten, die auf Ihren Bau- und Einrichtungsplänen nicht verzeichnet sind.

Kosten

Die Kosten einer eingehenden Beratung liegen für eine Wohnung bei 10 DM/qm und mindestens 500 DM plus Reisekosten und Spesen, bei Untersuchungen gewerblicher Objekte bei 15 DM/qm und mindestens 750 DM.

Feng-Shui-Beratung ist Vertrauenssache. Der Berater sollte auf die individuellen Bedürfnisse seiner Klienten eingehen und sie von den vorgeschlagenen Maßnahmen überzeugen können. Ohne Aufgeschlossenheit und Bereitschaft zur persönlichen Veränderung geht es nicht. Alle Beteiligten müssen hinter den Empfehlungen des Beraters stehen, denn eine halbherzige Umsetzung wird kaum Erfolg bringen.

Feng-Shui-Berater im deutschsprachigen Raum

Damit Sie bei Bedarf Kontakt mit einem Feng-Shui-Berater in der Nähe Ihres Wohnorts aufnehmen können, haben wir Ihnen eine Auflistung verschiedener Berater nach Ländern und Postleitzahlenbereichen geordnet zusammengestellt.

Darüber hinaus weisen wir Sie auch auf Qualifikation und etwaige Spezialisierungen der einzelnen Feng-Shui-Berater hin.

Wir möchten aber darauf hinweisen, daß das Verzeichnis nicht alle Berater aufführen kann, die im deutschsprachigen Raum tätig sind, und es beinhaltet auch keine Bewertung der Qualifikationen.

Aktuelle Adressen von Feng-Shui-Beratern finden Sie mittlerweile auch im Internet unter der Adresse: http://www.feng-shui.com

DEUTSCHLAND

Postleitzahlenbereich 1

Lothar Baier
Prenzlauer Allee 217
SF 2. OG
10405 Berlin
Tel. (01 72) 9 34 02 58

Feng-Shui-Beratungen
Josefine Reimig
Tempelhofer Damm 183
12099 Berlin
Tel./Fax (0 30) 7 52 44 92

Healing Tao) Feng Shui
Kurse und Einzelberatung
Dr. Andreas Schoeck
Schloßstr. 38
14059 Berlin
Tel. (0 30) 3 41 61 96
Fax (0 30) 3 42 01 29
Kunsthistoriker, autorisierter internationaler Qi-Mag-Feng-Shui- Berater, Geomantie, Baubiologie, individuelle Lösungen für privaten Bereich und Geschäftsräume

Postleitzahlenbereich 2

Marion und Thomas Bergmann
Institut & Praxis für Feng Shui
Osterladekopweg 8c
Postfach 1132 4
D-21635 Jorke
Tel. (0 41 62) 91 16 65
Fax (0 41 62) 91 16 66
Taoistisches Feng Shui, Standardanalysen, spezielle Gutachten, Ba-Gua- und Sha- Analyse, Baupläne, Lichtarchitektur, Farbplanung, privat, gewerblich, öffentliche Gebäude, Gärten

Philip von Dietlein
Seminare, Standortanalysen
(Tri-Power International Resources
Feng Shui Galerie)
Heimhuder Str. 13
20148 Hamburg
Tel. (0 40) 45 03 72 80
Fax (0 40) 45 03 72 99

Margit Lipczinsky/
Helmut Boerner
Postfach 60 55 69
22250 Hamburg
Tel. (0 40) 4 60 23 88
Fax (0 40) 46 07 01 53
Feng-Shui-Analysen und Beratungen (vor Ort und schriftlich als Fernberatung) für Wohnungen, Häuser, Büros, Geschäfte und beim Immobilienkauf

Dr. Andreas E. Meyer-Anderson
Stolberger Str. 8
D-28205 Bremen
Tel. (04 21) 4 98 98 38
Fax (04 21) 4 98 98 87
Unternehmensberatung, Qi-Mag Feng Shui, Beratung für Haus, Wohnung, Grundstück, Auto, Arbeitsplatz

Berrit Rieke-Braunschweig
Brookgang 6
21465 Wentorf
Tel. (0 40) 72 91 07 88
Fax (0 40) 72 91 07 89
Qi-Mag Feng Shui, alle Schulen, Privat- und Geschäftsberatungen

Cornelia-Regina Scheck
Hofweg 7
D-23568 Lübeck
Tel. (04 51) 3 15 23
Fax (04 51) 3 26 37
Betriebswirtin, Qi-Mag Feng Shui Beratung für Privat- und Geschäftsgebäude, speziell Hotelerie, Gastronomie, Immobiliensektor, Architekturberatung

Postleitzahlenbereich 3

Gabriele Twelkmeyer
Matthias-Claudius-Str. 21
D-30989 Gehrden
Tel./Fax (0 51 08) 92 77 88
Architekturbüro für ganzheitliche Bau-, Wohn- und Geschäftsberatung

Postleitzahlenbereich 4

Ilse M. Renetzeder
(Oktogon Seminaragentur GmbH)
Kronprinzenstr. 22
D-40217 Düsseldorf
Tel./Fax (02 11) 3 85 89 70
Spirituelles Feng Shui, Beratung zur selbstverantwortlichen, aktiven Lebensraumgestaltung und persönlichen Bewußtseinserweiterung

Postleitzahlenbereich 6

Qi-Mag Feng Shui
Gudrun Brislinger
Kleiststr. 19
D-65187 Wiesbaden
Tel. (06 11) 80 16 06
Innenarchitektin, Wohn-Haus-, Geschäfts- und Grundstücksberatung, Planungsberatung bei Um- und Neubau

Uwe Werner-Martin/
Rita Martin
Im Haingrund 1
D-64625 Bensheim-Schönberg
Tel. (0 62 51) 6 29 90, 6 21 30
Fax (0 62 51) 6 55 07
Feng-Shui-Beratung für Geschäft (Laden) und Beruf

Olivia Moogk Feng-Shui-Beratung
A. Großmannstr. 18
D-65207 Wiesbaden
Tel. (06 11) 50 16 66
Fax (06 11) 50 15 89

Postleitzahlenbereich 7

Peter Newerla
(Freiraum)
Lindenstr. 35
D-72108 Wurmlingen
Tel./Fax (0 74 72) 28 22 38
Feng-Shui-Beratungen, Baubetreuung, Standortastrologie, individuelle Beratungen

Postleitzahlenbereich 8

Riccarda Fischer
Feng Shui Zentrum für Wohnkultur
und ganzheitliche Architektur
Ungererstr. 42 RG
D-80802 München
Tel. (0 89) 39 31 41
Fax (0 89) 39 32 76
Wohn- und Geschäftsberatungen, Planung nach Feng-Shui-Prinzipien, Ladenplanung, Immobilienberatung

Andreas Gleißner
Brabantiastr. 6a
D-80336 München
Tel. (0 89) 74 66 50 55
Fax (0 89) 74 66 50 56
Beratung nach Qi-Mag Feng Shui, Schreinermeister Innenausbau, Gestaltung, Form, Farbe und Maße nach Feng-Shui-Kriterien

Marianne Khosla
Marthabräustr. 10
D-82256 Fürstenfeldbruck
Tel./Fax (0 81 41) 1 61 19
Feng-Shui-Beratungen

Dr. Dana V. Koutna
(Feng Shui & NLP)
Ziegelstr. 29
D-89407 Dillingen
Tel. (0 90 71) 7 15 57
Fax (0 90 71) 72 33 67
Feng-Shui-Beratungen

Dieter Kugler
Schönbichlstr. 90b
82211 Herrsching
Tel. (0 81 52) 96 98 48
Fax (0 81 52) 96 98 47
Geobiologische Beratungen

Thomas Meyer
Brunnerstr. 1
85540 Haar
Tel./Fax (0 89) 46 20 28 88
Beratung nach Qi-Mag Feng Shui, Bauen, Einrichten, Wohnen

Wasili Pantazoglou
(Zentrum für Wohn- und Lebensqualität)
Ringstr. 40c
D-86911 Riederau
Tel. (0 88 07) 88 58
Fax (0 88 07) 88 73
Qi-Mag Feng Shui Wohnraumberatung, Seminare und Workshops

Isolde Schäffer
Die Feng Shui Agentur
Postfach 431 108
D-80741 München
Feng-Shui-Beratungen

Daniela E. Schenker
„Happy Dragon“
Beratungen
und Versand)
Postfach 1466
D-82199 Gilching
Tel. (0 81 53) 95 20 17
Fax (0 91 53) 95 20 16
Feng-Shui-Beratungen für Wohnung, Haus und Firma vor Ort, Fernberatungen über Hauspläne

J. Sengl
Hauptstr.
D-87466 Oy
Tel. (0 83 66) 12 88
Fax (0 83 66) 15 60
Landschaftsgestaltung nach Feng Shui

Gerhard Waldner
(Zentrum für Wohnqualität)
Feng-Shui-Netzwerk
Unterschwarzenberg 18
D-87466 Oy-Mittelberg
Tel. (0 83 66) 9 86 87
Fax (0 83 66) 9 86 86
Feng-Shui-Beratungen, und Lebens- Seminar-Organisation

Postleitzahlenbereich 9

Walter Friedrich Haag
Qi-Mag-Int. Institute
Friedrich-Spee-Str. 8
D-97072 Würzburg
Tel. (09 31) 88 41 88
Fax (09 31) 78 17 38
Harmonisierung der Wohn- und Geschäftsräume Qi-Mag Feng Shui

ÖSTERREICH

Andreas A. Hager
Hauptstr. 37
A-8301 Lassnitzhöhe
Tel./Fax (0043) 0 31 33/31 52
Feng-Shui-Beratungen

Dr. Dagmar Hirschberg
Mollardgasse 85a
A-1060 Wien
Tel. (00 43) 01/5 97 46 71
Fax (00 43) 01/5 97 09 31
Feng-Shui-Beratungen vor Ort, Fernberatungen

Gerhard P. Kirchmair
HütteldorferStr. 197/19
A-1140 Wien
Tel./Fax (0 04 31)
01/9 11 49 94
Feng-Shui-Beratungen

Günther Sator
(Impuls, Seepark 1)
Atterseestr. 4
A-5310 Mondsee
Tel. (00 43) 62 32/4 81 30
Fax (00 43) 62 32/4 81 36
Westlich orientiertes Feng Shui, Beratung von Banken und Gewerbebetrieben, Seminarleiter

SCHWEIZ

Atelier Samuel Fankhauser
Engelstr. 8
CH-8820 Wädenswil
Tel./Fax (0 41) 01/7 80 19 79
Feng-Shui-Beratung und Gestaltung für Architektur, Grafik und Design; Qi-Mag-Feng-Shui-Konzepte für neue Projekte

Daniele Guex-Joris / Marta Tasnady
Bergstr. 58
CH-8706 Meilen
Tel. (00 41) 01/9 23 61 20
Fax (00 41) 01/9 23 63 74
Feng-Shui-Beratungen

Marc Häberlein
Dominik Rolle
(Feng Shui Systems)
Bleicherweg 52
CH-8002 Zürich
Tel./Fax (00 41) 01/2 01 04 91
Lo-pan-Kurse, Seminar Lopan des Westens, Feng-Shui-Beratungen

A. Gerhard Mörgeli
Gfennstr. 5
CH-8603 Schwerzenbach Zürich
Tel./Fax (0 41) 0 18/25 31 97
Feng-Shui-Beratungen

Bernhard Schaer
Parabola-Forum Shui
Im Hof zum gelben Haus
Obersdorfstr. 16 E
CH-8001 Zürich
Tel./Fax (00 41) 01/2 61 00 90
Beratungen, Qi-Mag Feng

Seminaranbieter

Feng Shui Academy
Kärntner Str. 8
A-1010 Wien

Feng-Shui Meisterschule
Ilse Renetzeder
Kronprinzenstr. 22
D-40217 Düsseldorf
Tel. (02 11) 3 85 89 70
Fax (02 11) 37 70 07
Die Ausbildung zum Berater dauert insgesamt 18 Monate (mit Diplomabschluß).

Frankfurter Ring
Kobbachstr. 12
D-60433 Frankfurt am Main
Tel. (0 69) 51 15 55
Fax (0 69) 51 22 20
Ausbildung im astrologisch orientierten Feng Shui (Derek Walters)

Freiraum (B. und P. Newerla)
Lindenstr. 35
D-72108 Wurmlingen
Tel./Fax (0 74 72) 28 22 38
Grundlagen- und Aufbauseminare

Hagia Chora Schule für Geomantie
Moltkestr. 12
D-84453 Mühldorf/Inn
Tel. (0 86 31) 37 96 33
Fax (0 86 31) 37 96 34
Seminarreihen zu Feng Shui, Ausbildung in geomantischer Hausgestaltung, Seminare namhafter Experten

Dr. Meyer-Anderson & Partner
Stolberger Str. 8
28205 Bremen
Tel. (04 21) 4 98 98 38
Fax (04 21) 4 98 98 87
Tagesseminare für Einsteiger und zu speziellen Themen; Wochenendseminare

Qi-Mag International Feng Shui Institute
Karin Schopf
Tarodunumweg 6
D-79199 Kirchzarten
Tel./ Fax (0 76 11) 9 95 68
Ausbildung und Seminare mit Jes Y. Lim

Gerhard Waldner
Unterschwarzenberg 18
D-87466 Oy-Mittelberg
Tel. (0 83 66) 9 86 87
Fax (0 83 66) 9 86 86

Andreas A. Hager
Hauptstr. 37
A-8301 Lassnitzhöhe
Tel./Fax (00 43) 0 31 33/31 52

Kurse über Qi-Mag Feng Shui

Impuls GmbH
(Günter Sator)
Seepark 1 /Atternseestr. 4
A-5310 Mondsee
Tel. (00 43) 0 62 32 4 81 30
Fax (00 43) 0 62 32 4 91 36

Waltrudis Luib
Landstr. 15
A-4020 Linz
Tel. (00 43) 07 32 7 71 73 70
Fax (00 43) 07 32 7 71 73 77
Kurse über Qi-Mag Feng Shui

Feng-Shui-Bedarf
Für die in diesem Buch dargestellten Hilfsmittel für Feng Shui gibt es verschiedene Bezugsquellen. Fächer, Bambusflöten und ähnliches finden Sie z. B. in Asia-Shops. Andere Artikel wie Kristalle erhalten Sie häufig in esoterisch orientierten Geschäften. Ein umfangreiches Sortiment an spezielleren, auch neueren westlichen Feng-Shui-Hilfsmitteln ist bei folgenden Läden und Versandgeschäften erhältlich.

Aromaterra
(Heike Kletzander)
Verdistr. 73
D-81247 München
Tel./Fax (0 89) 8 14 52 02

Feng-Shui-Handlung
Welserstr. 10
D-10777 Berlin
Tel. (0 30) 2 11 17 71

Feng-Shui-Quelle
(Ursula Baier)
Elisabethstr. 4a
D-42287 Wuppertal
Tel./Fax (02 02) 57 26 78

Feng Shui + Kristalle
Joachim Scheiner
Prinzregentenstr. 83b
D-83022 Rosenheim
Tel. (0 80 31) 28 89 77
Fax (0 80 31) 28 89 78

Sigrid Ganka
Neue Zeile 14–16
D-87600 Kaufbeuren
Tel./Fax (0 83 41) 66 77 4

Happy Dragon Intl. Versand
Feng-Shui-Versand
Postfach 1466
D-82199 Gilching
Tel. (0 81 53) 95 20 17
Fax (0 81 53) 95 20 16

Institut & Praxis für Feng Shui
Postfach 1132
21635 Jork
Tel. (0 41 62) 91 16 65
Fax (0 41 62) 91 16 66
(u. a. handgearbeitete Produkte, personalisierte Ba-Gua-Spiegel)

Logos Buchvertrieb
Am Fichtenholz 5
D-87477 Sulzberg
Tel. (0 83 76) 9 73 88
Fax (0 83 76) 87 37

Oktogon GmbH
Kronprinzenstr. 22
D-40217 Düsseldorf
Tel. (02 11) 3 85 84 79
Fax (02 11) 37 70 07

Fa. Revos
Tremmelhauser Str. 7
D- 93138
Lappersdorf/Kareth

Isolde Schäffer
Die Feng Shui Agentur
Postfach 431 108
D-80741 München

Selina Steyer
Johann-Karg-Str. 29
D-85540 Salmdorf-Haar
Tel. (0 89) 43 91 18 82
Fax (0 89) 4 39 47 65

Register